Bonus

Beim Lesen dieses Buchs empfehle ich euch, die hier vorgestellten 37 Übungen auf Papier zu beantworten. Um euch diesen Schritt einfacher zu machen, habe ich alle Übungen aus dem Buch unter dem folgenden Link kostenlos zum Herunterladen bereitgestellt:

wortlos-erfolgreich.carrd.co

Adam Egger

Wortlos erfolgreich

Vorstellungsgespräche, Präsentationen und Dates
durch Körpersprache perfekt meistern

Bibliografische Information der Deutschen Nationalbibliothek: Die Deutsche Nationalbibliothek verzeichnet diese Publikation in der Deutschen Nationalbibliografie; detaillierte bibliografische Daten sind im Internet über dnb.dnb.de abrufbar.

© 2020 Adam Egger
Alle Rechte vorbehalten
Lektorat: Bärbel Strothmann und Kirsten Glück
Covergestaltung: Caren Egger und Franziska Manko
Bildnachweis: Unsplash (Seiten 11, 14, 19, 48, 54, 62, 64, 69 unten, 73 unten, 79, 105, 123 unten, 158), Pixabay (Seiten 25, 95, 96), Pexels (Seiten 67, 123 oben, 156), Photofeeler (Seiten 37, 39 unten, 41, 46), Adam Egger (alle restlichen Bilder und das Cover)
Herstellung und Verlag: BoD – Books on Demand, Norderstedt
ISBN: 978-3-7519-3084-0

Inhaltsverzeichnis

I. Optimal auftreten

Glaubt an euch!

1987 flüchtete ich als 14-jähriger kranker Junge gemeinsam mit meiner Mutter aus Polen. Mein Vater war bereits gestorben als ich vier Jahre alt war. Meinen kleinen Bruder mussten wir als „Pfand" bei Bekannten in Polen zurücklassen, bevor er dann ein halbes Jahr später vom roten Kreuz nach Deutschland gebracht werden konnte. Doch der Start in Deutschland war nicht einfach: Ich sprach kein Wort Deutsch. So wurde ich in der achten Klasse zunächst zum Außenseiter, über den alle gern Witze machten. Sogar meine eigene Oma, die in Deutschland lebte, meinte damals, ich solle mir keine Computer in den Geschäften anschauen – es wäre doch klar, dass ich es als polnischer Aussiedler nur zur Putzkraft bringen werde …

Heute reise ich als Innovationsmanager für ein großes deutsches Software-Unternehmen durch die Welt und bringe Menschen von Kuala Lumpur bis Washington, von Johannesburg bis Den Haag innovative Zukunftsfähigkeit bei. Ich versuche dabei immer,

Menschen das Gefühl zu geben, dass sie an sich glauben sollen. So wie ich es getan habe und noch heute tue. Denn jeder Mensch hat Talente und Fähigkeiten, die es zu entdecken gilt. Mit diesem Buch zeige ich euch, dass ihr mit dem richtigen Fokus einen erfolgreichen Weg einschlagen könnt. Es liegt an euch, nehmt es in die Hand.

Eigene Zukunftsaussichten optimieren

Wenn man sich heute einen Beruf aussucht, gibt es keine Garantie, dass dieser Beruf in 10 bis 15 Jahren noch existiert. Definitiv wird es nicht mehr möglich sein, dass man in jedem Job 30 Jahre bleibt. Klingt schlimm, ist es aber nicht, wenn man jetzt schon auf Fähigkeiten setzt, die nicht von Software oder von künstlicher Intelligenz ersetzt werden können. Denn künstliche Intelligenz ist nicht gut im Lösen von kreativen oder strategischen Aufgaben, die Planung oder Umgang mit Ungewissheiten erfordern. Das Stärken dieser künftig immer wichtiger werdenden Fähigkeiten ist eine der besten Investitionen, die man tätigen kann.

Warum? Knapp 60 % der heutigen Führungskräfte geben an, dass „Soft Skills" (zwischenmenschliche Fähigkeiten) wichtiger sind als technische Kompetenzen. Denn die werden die immer schneller überflüssig in unserer heutigen schnelllebigen Welt.

Auch beschließen immer mehr Firmen, nicht mehr auf Noten und Abschlüsse zu achten. Google, IBM oder Apple verlangen überhaupt keinen Hochschulabschluss mehr. Diese Firmen achten verstärkt auf Soft Skills statt auf Titel und Noten.

Aber was sind denn nun Fähigkeiten, die auch künftig wichtig sein werden?

Seit einigen Jahren werden jährlich Fähigkeiten aufgelistet, die in der Wirtschaft immer stärker nachgefragt werden. Hier die **Top 3 der Zukunftsfähigkeiten**:

- **Kreativität** ist bereits seit einigen Jahren auf Platz 1 der am meisten nachgefragten Fähigkeiten auf LinkedIn.

- Die Fähigkeit, **komplexe Probleme lösen zu können** – also das strukturierte Lösen von Problemen, für die man die Lösung nicht einfach in Suchmaschinen finden kann – gilt für Mitglieder des schweizerischen Weltwirtschaftsforum als die mit Abstand wichtigste Fähigkeit.

- **Emotionale Intelligenz** – also die Fähigkeit, Emotionen einer anderen Person beim Kommunizieren zu erkennen, zu verstehen und nachzuempfinden – steigt seit Jahren in dieser Rangliste immer weiter auf. Unsere inneren Emotionen werden durch unsere Körpersprache ausgedrückt. Ist man also in der Lage, die Körpersprache zu deuten, versteht man auch die dahinter liegenden Gefühle viel besser.

Wisst ihr eigentlich, dass unsere Gesprächspartner uns diese Gefühle deutlich signalisieren– aber wir verstehen sie einfach nicht? Menschen, mit denen wir sprechen, zeigen uns oft, was sie von uns oder von unseren Ideen halten, bevor sie ein einziges Wort sagen. Das Erkennen dieser versteckten Emotionen kann privat und vor allem beruflich zahlreiche Türen öffnen.

Stellt euch vor, ihr seht eine Person und versteht nicht nur, was ihre Körpersprache bedeutet, sondern auch, was diese Person fühlt und sogar wie man darauf am besten reagiert. Mit diesem Buch lernt ihr, die für die meisten Menschen unsichtbare Körpersprache zu lesen. Es gibt euch dadurch eine neue Ebene zu kommunizieren und Vertrauen aufzubauen. Vertrauen ist die Basis jeder erfolgreichen Beziehung. Dadurch wird euch dieses Buch mit einfachen und oft überraschenden Methoden erfolgreicher machen.

Den ersten Eindruck optimieren

Übung 1

Seht euch drei Sekunden (!) lang das Bild an und schreibt spontan drei Eigenschaften dieser Frau auf.

Welche Eigenschaften habt ihr aufgeschrieben?

Übrigens: Ich habe alle hier im Buch vorgestellten Übungen in Ganztagsseminaren und in Online-Kursen durchgeführt. Um euch zu zeigen, wie unterschiedlich Menschen denken und um euch einen Vergleich zu geben, zeige ich hier die Ergebnisse aus meinem WhatsAppinar zum Thema Körpersprache. Dort wurde die Frau auf dem Bild oben folgendermaßen beschrieben:

Christoph: *Genervt, verträumt, hungrig*

Andreas S.: *Skeptisch, unwohl, abwartend*

Andreas Z.: *Genervt, ungeduldig, unwohl*

Caren: *Abwartend, ängstlich, offen*

Petra: *Abwesend, träumend, desinteressiert.*

Markus: *Sie wirkt nervös und angespannt, hat aber noch alles im Griff. Überlegt bereits, wie sie antworten soll. Also offen, abwartend, angespannt.*

Andreas N.: *Fragend. Ratlos. „Was mache ich hier eigentlich?"*

Sind die Antworten nicht spannend? Das ist ein Foto aus einem Vorstellungsgespräch. Lest euch die Antworten noch einmal durch. Ihr kennt die Frau nicht, ihr habt noch kein einziges Wort von ihr gehört, ihr seid aber trotzdem ohne Probleme in der Lage, die Frau zu beurteilen – und zwar nicht sehr positiv. Ich würde hoffen, dass ich in einem Vorstellungsgespräch nicht schon nach ein drei Sekunden als **genervt, ängstlich oder unsicher** eingeschätzt werde.

Aber ihr werdet sagen, es ist doch nur ein einziges Bild. Ein kleiner, punktueller Ausschnitt eines langen Vorstellungsgesprächs. Sie hat ja noch viel Zeit, um diesen ersten Eindruck wettzumachen. Kann sie aber nicht. Denn der erste Eindruck ist wichtiger, als wir es im Entferntesten erwarten.

Warum ist der erste Eindruck so mächtig?

Unser Gehirn bewertet neue Situationen nicht dauernd, sondern einmalig beim Eintreten der neuen Situation. Es möchte möglichst wenige Entscheidungen treffen. Das heißt, wir bewerten neue Situationen innerhalb kürzester Zeit und bleiben bei der anfänglichen Beurteilung – und genauso funktioniert der erste Eindruck. Wir stecken Menschen sofort in Schubladen, ob wir wollen oder nicht.

Wir entscheiden, ob wir jemandem glauben, ob wir jemanden mögen und ob wir jemandem vertrauen, bevor diese Person überhaupt ein Wort gesagt hat.

All diese nonverbalen Signale aktivieren Urinstinkte. Das heißt, wir können uns nicht dagegen wehren, dass wir andere Menschen spontan beurteilen. Wir alle funktionieren nach einem genetischen Programm, das wir noch aus grauer Vorzeit in uns haben.

Damals waren diese Urinstinkte überlebenswichtig. Sie ermöglichten uns über Jahrtausende hinweg, blitzschnell zu entscheiden, ob ein Freund oder ein Feind vor uns stand. Aber auch heute funktionieren diese Instinkte in uns, und sie sind das, was die unglaublich starke Wirkung bei anderen Menschen auslöst – **der erste Eindruck.**

Um sich die Bedeutung des ersten Eindrucks zu merken, gibt es einen einfachen Merksatz: **Der erste Eindruck ist „PAIN"** (englisch für Schmerz).

Permanent – egal, was die Person hinterher macht, im Kopf hat sich euer erster Eindruck permanent, also dauerhaft, festgesetzt.

Accurate (akkurat, genau) – wir liegen mit unserer Einschätzung meist richtig, wir können tatsächlich die Signale unbewusst richtig deuten.

Immediate (unmittelbar) – wir machen uns bereits **innerhalb von** wenigen Sekunden ein Bild von unserem Gegenüber.

Nonverbal (wortlos) – und **dieses Bild setzt sich fest,** noch bevor die Person den Mund aufgemacht hat.

Doch was genau ist es, was wir bei Menschen lesen können?

Während dieser kurzen Zeit hat unser Gehirn bereits über vier Eigenschaften einer Person entschieden: **ihren Sympathiewert, ihre Verlässlichkeit, Kompetenz und Aggressivität.** Sogar Charakter und Persönlichkeitswerte beurteilen wir innerhalb dieser kurzen Zeit zu **76 % richtig** (laut der Zeitschrift „Trends in Cognitive Science", Ausgabe November 2014). Das kann man sicherlich erschreckend finden – oder man nutzt diese Tatsache zum eigenen Vorteil.

Da man nicht verhindern kann, wie man auf andere wirkt, sollte man sich fragen, ob man den ersten Eindruck, den man auf andere macht, wirklich dem Zufall überlassen möchte. Ich finde, wir sollten das in die eigene Hand nehmen und dafür sorgen, dass unser erster Eindruck andere perfekt überzeugt.

Sieben Sekunden: eure Zeit zu überzeugen

Mark Schaller, ein Sozialpsychologe an der University of British Columbia, zeigte in seinen Untersuchungen, dass wir tatsächlich maximal sieben Sekunden Zeit haben, bis andere entscheiden, ob wir auf sie sympathisch, unsympathisch, kompetent oder inkompetent wirken. Warum sollte man also nicht versuchen, in wichtigen Situationen in diesen sieben Sekunden perfekt zu überzeugen? Natürlich benötigen wir auch Wissen, Fakten und Kompetenz, doch diese zählen nur, wenn unser erster Eindruck zuvor überzeugt hat.

Im folgenden Kapitel zeige ich euch, wie ihr künftig einen so starken ersten Eindruck hinterlasst, dass andere euch bereits nach den ersten Sekunden so interessant finden, dass sie mehr von euch wissen wollen. Dies gilt im Übrigen nicht nur im Berufsleben, sondern auch im Privaten.

Den ersten Eindruck gestalten

Das Wichtigste zuerst: **Man kann und man sollte den ersten Eindruck – also die ersten sieben Sekunden – vor einer wichtigen Situation unbedingt planen.**

Egal, welche wichtige Situation euch erwartet, denkt immer an die ersten sieben Sekunden. In dieser kurzen Zeit wird oft entschieden, ob diese Situation für euch erfolgreich verläuft oder nicht. Glaubt ihr nicht? Hier ein paar Beispiele:

In einer Studie der Harvard University (von Nalini Ambady und Robert Rosenthal) hat sich gezeigt, dass die Bewertung von Professoren nach einem Semester der Bewertung gleicht, die sie nach zwei Sekunden bekommen hatten. Dabei haben Studierende ihre Lehrkräfte nach dem Betrachten eines Zwei-Sekunden-Clips und nach einem Semester bewertet. Diejenigen, die nach zwei Sekunden schlechte Werte erhielten, erhielten auch schlechte Bewertungen von Studierenden, die deren Kurs ein Semester lang belegt hatten.

Das gleiche zeigt eine Studie der Musik-Universität Hannover (Friedrich Platz und Reinhard Kopiez,

2013): Weltklasse Geigenspieler, die nach nur wenigen Sekunden auf der Bühne – also noch vor ihrem Auftritt (!) – bewertet wurden, wurden genauso bewertet wie nach dem Auftritt.

Das Gute daran ist: Kaum jemand weiß das, und kaum jemand plant diese ersten paar Sekunden bewusst.

Und hier die nächste Aufgabe für euch.

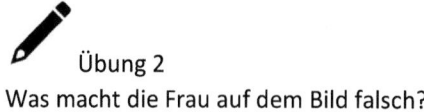

Übung 2

Was macht die Frau auf dem Bild falsch?

Hier wieder für euch zum Vergleich ein paar Antworten aus meinem Webinar. Dort wurden alle körpersprachlichen Fehler aufgedeckt, die auf dem Bild sichtbar sind.

Christian: *Ich würde ihr als erstes empfehlen, nicht die Schultern hängen zu lassen, das gibt keinen Platz im Brustraum, um tief und ruhig zu atmen. Das ist ein Fehler der leicht zu korrigieren ist, wenn er auffällt. Es wirkt interessierter, offener und auch selbstbewusster. Die Atmung ist wichtig in Stresssituationen und beeinflusst alles Weitere.*

Markus: *Sicher richtig. ABER: Wer weiß, ob und welche (unbewusste) „Strategie" dahinterstecken könnte? Vielleicht der Versuch, sich von der uns den Rücken zudrehenden etwas dominanteren Frau etwas abzusetzen. Oder vielleicht einen Beschützerinstinkt bei ihren Gegenüber auszulösen. Welches Ergebnis hatte das Bewerbungsgespräch denn, war es erfolgreich?*

Matthias: *Sie lächelt nicht und sieht daher unsicher aus.*

Markus: *Die Hände sind nicht sichtbar unter dem Tisch. Das wirkt auch unsicher und angespannt. Hat sie etwas in der „hohlen Hand"?*

Jürgen: *Würde ich auch sagen: 1. Lächeln, 2. Hände mit offener Geste auf den Tisch.*

Marlene: *Sie sollte eventuell aufrechter stehen, um selbstbewusster zu wirken. Außerdem lächeln. Die Haltung von ihr sagt sehr viel aus, finde ich. Daran sollte sie im Allgemeinen etwas ändern.*

Ulrich: *Sie könnte gerader sitzen und etwas freundlicher schauen.*

Andreas S.: *Mit Händen auf dem Tisch würde die ganze Körperhaltung wahrscheinlich offener wirken. Wahrscheinlich sitzt man dann auch automatisch gerader?*

Die Antworten zeigen schön, dass wir tatsächlich alle in der Lage sind, Körpersprache zu lesen und zu deuten. Habt ihr all die Fehler auch erkennen können?

Ich möchte den aus meiner Sicht wichtigsten Punkt zuerst erklären. Den Punkt, der bei den Antworten oben als Strategie bezeichnet wurde. Es kann tatsächlich **alles richtig sein, was die Frau auf dem Bild macht.** Wir wissen nämlich gar nicht, wen sie begeistern möchte und wie sie wirken will. Wir kennen ihre Ziele nicht. Und das ist es, worauf es am Ende ankommt.

Vor jedem wichtigen Termin, bei dem der erste Eindruck zählt – vor einer Bewerbung, Verhandlung, Prüfung, Date, Produktpräsentation – empfehle ich daher, die folgenden zwei Fragen als Vorbereitung zu beantworten.

1. Wen möchte ich begeistern?

2. Wie möchte ich wirken?

Wen möchte ich begeistern?

Als Erstes empfehle ich, sich die Frage zu stellen: **Wen möchte ich begeistern?**

Das scheint offensichtlich zu sein. Ist es aber nicht. Egal, ob bei einer Präsentation, einer Prüfung, einem Date, einer Verhandlung oder bei einer Bewerbung. In all den Fällen fokussieren wir uns auf die falsche Person. Wisst ihr auf wen?

Wir fokussieren uns auf uns selbst. Ich, ich, ich. Ich möchte perfekt wirken, ich möchte bei der Verhandlung möglichst viel herausholen ... ich, ich, ich.

Da empfehle ich einen anderen Ansatz. Sobald ihr euch nur auf euch und auf das, was ihr präsentieren wollt, fokussiert, vergesst ihr die Menschen vor euch. Wie wäre es, wenn ihr euch primär auf die Personen vor euch fokussiert?

Beginnt bei all diesen wichtigen Situationen mit der Frage: **Wen möchte ich begeistern** bei meiner Präsentation, der Prüfung, meinem Date, bei meiner Verhandlung oder bei der Bewerbung? Wie wäre es, wenn ihr versucht, nicht euch, sondern die Person vor euch zum Glänzen zu bringen: den Kunden oder den Personalchef?

Wie bringt man die andere Person zum Glänzen? Das geht nur, wenn ihr bereits vor dem Treffen etwas über die Person wisst. So, dass ihr während des Gesprächs keine Überraschungen erlebt. Zum Beispiel solltet ihr bereits vor einem Vorstellungsgespräch wissen, wer die Personen sind, die das Interview führen – also die künftige Chefin oder die Person aus der Personalabteilung. Wozu? Um sie entsprechend persönlich begrüßen zu können. Ihr solltet wissen, was ihnen wichtig ist, vielleicht auch ihre Hobbys kennen (vielleicht findet ihr ja über Social Media etwas heraus). Ihr solltet das Gefühl haben, es ist nicht euer erstes Treffen.

Es mag falsch klingen, aber versucht immer, euer Gegenüber in diesen wichtigen Situationen so zu begrüßen, als ob es ein **alter Freund oder eine alte Freundin wäre**. Wie begrüßt ihr einen alten Freund? Sicherlich vollkommen anders als Personen bei einem Vorstellungsgespräch. Es muss keine innige Umarmung werden, aber auch kein steifes „Guten Tag".

Sagt einfach, wie froh ihr seid, die Person endlich zu treffen und mit ihr zu sprechen. Lobt die Wahl des Ortes, lobt das Büro, seid menschlich.

Und wie macht man das bei einer Verhandlung? Geht ihr in eine Verhandlung mit der „Ich will mehr"-, „Ich will gewinnen"-Einstellung, bekommt ihr am Ende weniger, als wenn ihr versucht, genau zu verstehen, was eurem Gegenüber wichtig ist. Also mehr in die Richtung „Was ist denen wichtig?", „Womit haben die gerade zu kämpfen?", „Wie kann ich da helfen?" Das erzeugt Empathie und gibt euch Argumentationspunkte für die tatsächliche Verhandlung.

Somit ist klar: Punkt eins der Vorbereitung muss immer die Frage sein: „Wen möchte ich begeistern?"

Punkt zwei ist die Vorbereitung der eigenen Wirkung.

Welchen Eindruck möchte ich hinterlassen?

Nach der Frage nach der Person, die begeistert werden soll, stellt ihr euch Folgendes vor: "Mein Termin ist mehr als perfekt gelaufen. **Mein Gegenüber hat mich hinterher mit drei fantastischen Adjektiven beschrieben." Welche waren das?**

Mit dieser Frage bekommt ihr den perfekten Einstiegspunkt für das Gestalten des ersten Eindrucks und der gesamten Situation.

Hier also nochmal die Frage, die ihr euch **vor** einem Vorstellungsgespräch stellen solltet.

Mit welchen 3 Adjektiven wurdest du nach diesem perfekten Vorstellungsgespräch beschrieben?

Das gilt natürlich für andere Situationen genauso.

Übung 3

Versucht jetzt, die Frage auf dem Bild zu beantworten. Stellt euch vor, euer Vorstellungsgespräch läuft perfekt.
Wie möchtet ihr nach diesem perfekten Vorstellungsgespräch beschrieben werden?

Hier kommen die Antworten aus meinem Webinar:

Caren: *Neugierig, selbstsicher, sympathisch*

Andrea: *Interessiert, empathisch, freundlich*

Markus: *Fachkompetenz müsste in den Unterlagen gut beschrieben sein. Sogenannte „weiche" Kriterien sind üblicherweise: Freundlichkeit, Verlässlichkeit, Begeisterungsfähigkeit, u.a. Ob dies für alle Jobs gilt, möchte ich bezweifeln. Diese Kriterien sind aber wichtig und werden wohl im Bewerbungsgespräch über die Fachkompetenz gestellt. So beeinflussen leider auch Vornamen und kulturelle Hintergründe die Bewertungen. Da wird es schwierig mit dem „designen".*

Auf einige Punkte, die Markus anspricht, möchte ich eingehen. Auf **meiner** Liste der drei perfekten Adjektive möchte ich von den von Markus genannten Eigenschaften wie Freundlichkeit und Zuverlässigkeit zum Beispiel keine haben. Und natürlich passen die üblichen Kriterien nicht zu allen Jobs und auch nicht zu allen Menschen.

Das ist aber genau die Idee dieser Übung: Bei jeder wichtigen Situation sollte man die **jeweils** passenden perfekten Adjektive aufschreiben und mit diesen dann die Situation gestalten.

Meine drei Wörter für einen Job im Innovationsbereich wären zum Beispiel: **kreativ, optimistisch und kompetent.** Mit diesen drei Wörtern im Kopf würde ich komplett anders auftreten, auch anders auf Fragen antworten, als mit den Wörtern, die üblicherweise in den Bewerbungsunterlagen stehen (teamfähig usw.).

Apropos eigene Schwächen: Die Liste der Gründe, warum genau ich benachteiligt bin, ist unendlich lang: ich bin unterqualifiziert, überqualifiziert, zu jung, zu alt, zu erfahren, zu unerfahren, habe ausländische Wurzeln, bin zu uninteressant. Jeder von uns hat mindestens einen dieser Punkte im Kopf. Aber auch jeder hat spannende Stärken. Daher empfehle ich, sich auf die eigenen Stärken zu fokussieren, auf das Positive.

Doch leider kennt kaum jemand die eigenen Stärken. Man weiß oft selbst nicht, in welchen Bereichen man Superkräfte hat, da man sie nicht als etwas Besonderes sieht. Fällt euch das Ausfüllen von Excel-Dateien leicht, liegt es nicht daran, dass es leicht ist, sondern dass ihr in diesem Bereich begabt seid. Man sollte die eigenen Stärken kennen. Man kann sie herausfinden, indem man sich zum Beispiel fragt, was es ist, was einem sehr leichtfällt, obwohl andere immer damit zu kämpfen haben. Fragt auch andere Leute danach, fragt was ihr besser könnt als alle anderen.

Noch mal: **Kaum jemand kennt die eigenen Superkräfte, doch jeder hat welche.**

Ich habe vor einigen Wochen den Innovationschef einer großen deutschen Firma getroffen. Vor dem Treffen habe ich aufgeschrieben, wie ich wirken möchte: **kreativ, optimistisch und kompetent.** Danach habe ich versucht, mich nach diesen drei Wörtern zu kleiden (weißes Hemd, bunte Socken und Sneakers). Ich habe sogar ein Notizblock aus A5-Papier gebastelt und die Vorderseite ansprechend mit grafischen Elementen beschriftet. Während des Gesprächs bin ich stets positiv geblieben, kein Lästern, kein Klagen. Auch habe ich weitere Körpersprache-Elemente verwendet, diese werde ich später noch beschreiben. Ich versuchte im gesamten Gespräch, **kreativ, optimistisch und kompetent** zu wirken. Ich weiß natürlich nicht, wie es auf ihn gewirkt hat, für mich hat es eine sehr angenehme Atmosphäre erzeugt.

Jetzt wisst ihr, wie wichtig der erste Eindruck ist und wie man ihn vorbereiten kann.

Zusammenfassung: Erster Eindruck

1. Findet heraus, mit wem ihr es zu tun habt – so gut, dass sich das erste Treffen nicht wie ein erstes Treffen anfühlt.

2. Überlegt, wie ihr wirken wollt, und plant das Treffen mit den drei Begriffen im Kopf. Was muss ich machen, um genauso zu wirken?

Diese Vorbereitungsschritte werden bereits zum Erfolg beitragen. Doch die Gesprächspartner haben oft schon einen ersten Eindruck von uns, bevor wir den Raum betreten. Den haben sie, weil sie uns schon auf einem Foto gesehen haben. Denn unsere Fotos sagen mehr über uns aus, als wir vermuten.

Profilfotos optimieren

Wo kann der erste Eindruck im Leben wichtig sein? Ihr wisst jetzt, dass er in allen wichtigen privaten sowie beruflichen Situationen wie Prüfungen, Bewerbungen, Verhandlungen, Präsentationen oder bei Dates relevant ist. Doch oft hinterlassen wir tatsächlich den ersten Eindruck bereits bevor wir unseren Gesprächspartner zu Gesicht bekommen haben. Der erste Eindruck entsteht in der modernen, digitalen Welt über unsere Profilfotos und unsere Social-Media-Auftritte. Möglicherweise habt ihr nicht viel Zeit damit verbracht zu beurteilen, welchen ersten Eindruck ihr mit euren Profilfotos macht. Denn auch hier gilt die „PAIN"-Regel; auch der digitale erste Eindruck ist permanent, akkurat, immediate (unmittelbar) und nonverbal.

Als Nächstes zeige ich euch also, wie man den perfekten digitalen ersten Eindruck mit einem einzigen Foto designen kann.

Angenommen, ich möchte ein Online-Profil auf einem Job-Portal erstellen. Ich habe ein Foto, das ich dafür verwenden möchte. Zum Beispiel:

Wie gehe ich als nächstes vor? Woher weiß ich, ob es das richtige Bild ist?

Übung 4

Wie entscheidet ihr, welches Foto ihr für ein Bewerbungsschreiben oder für Job-Portale auswählt?

Hier wieder ein paar Antworten aus meinen Kursen. Geht ihr ähnlich vor?

Caren: *Ich würde andere fragen, wie sie das Foto finden.*

Dana: *Gute Idee! Außerdem muss es mir gefallen. Ich muss mich selbst mögen, um Selbstbewusstsein auszustrahlen, und es sollte vom Stil her zum Anlass passen.*

Auch beim digitalen ersten Eindruck sind die gleichen zwei Punkte, Zielperson und Ausstrahlung, entscheidend. Bevor wir überlegen können, ob ein Bild geeignet ist, sollten wir zuerst festlegen:

1. Wen will ich damit begeistern?
2. Welche drei Eigenschaften will ich vermitteln?

Punkt eins ist relativ einfach: Es gibt drei Haupteinsatzgebiete für Profilfotos: **Business, Social Media und Dating.** Punkt eins – also die Ziel-personen – sind eigentlich klar: potenzielle Arbeitgeber bei unseren Profilfotos auf Jobportalen, unsere Freunde bei Social-Media-Seiten und natürlich potenzielle Datingpartner auf Datingseiten.

Punkt zwei ist da schwieriger. Welche Eigenschaften möchte man ausstrahlen? Wir möchten nämlich nicht überall gleich wirken, sondern beruflich anders als bei unseren Freunden oder auf Datingseiten. Daher nehmt euch die Zeit und überlegt gut, mit welchen drei Eigenschaften ihr auf der für euch relevanten Plattform wirken möchtet. Um euch zu helfen, eure drei Adjektive für die jeweiligen Situationen wirklich gut zu definieren, zeige ich euch nach der nächsten Übung wieder die Ergebnisse aus meinem Körpersprache-WhatsAppinar.

Übung 5

Mit welchen drei Adjektiven möchtet ihr bei einem Business-Foto, einem Social-Media-Foto und bei einem Dating-Foto beschrieben werden?

Caren:
- *Business: Kompetent, sicher, intelligent*
- *Social Media: lustig, interessant, sympathisch*
- *Dating: attraktiv, selbstbewusst, vertrauenswürdig*

Dana:
Gar nicht so einfach, das auf drei Eigenschaften zu reduzieren. Hängt natürlich auch vom jeweiligen Beruf und Arbeitsplatz ab. Hier mein Versuch:
- *Business: vertrauenswürdig, kompetent, zielorientiert*
- *Social Media: Authentisch, charismatisch, attraktiv*
- *Dating: herzlich, humorvoll, intelligent*

Unsere Online-Fotos stellen dar, wer wir sind und tragen dazu bei, wie wir von anderen wahrgenommen werden. Und höchstwahrscheinlich sind diese Profilfotos bereits das, was beim Personalchef oder dem Kunden schon einen ersten Eindruck hinterlassen hat.

Somit ist es wichtig, dass ihr tatsächlich die Eigenschaften, die ihr oben aufgelistet habt, auch auf euren Fotos zeigt. Nur woher weiß man, ob die Fotos die gewünschten Eigenschaften auch zeigen? Oben wurde vorgeschlagen, andere Menschen wie Freunde oder Bekannte zu fragen. Also frage ich euch:

 Übung 6

Ich will mit diesem Foto mein Business bewerben, und dabei möchte ich die folgenden Eigenschaften vermitteln: vertrauenswürdig, kompetent und zielorientiert. Passt es?

Ich stellte die Frage auch meinen Freunden und Bekannten bei meinem WhatsAppinar. Hier die Antworten, die ich dort bekommen habe:

Melanie: *Ich finde, du siehst offen, aktiv, interessiert und kommunikativ aus – das schafft Vertrauen und vermittelt Kompetenz*

Stefanie: *Würde dir vorschlagen, ein anderes Bild zu wählen, da du nicht in die Kamera schaust … Außerdem würde ich dir vorschlagen, für ein Bewerbungsfoto das Band, das du umhängen hast, abzunehmen.*

Martin: *Ja, besser in Richtung der Kamera (des Betrachters) schauen, und ein neutraler Hintergrund könnte besser sein. Ansonsten offen und neugierig und sympathisch.*

Andrea: *Ich finde, du wirkst sehr sympathisch und offen. Würde auch die Blickrichtung ändern und entweder ein dunkleres Oberteil tragen oder den Hintergrund ändern.*

Ulrich: *Das mit dem „in die Kamera schauen" muss aus meiner Sicht nicht sein. So wirkt das irgendwie sehr aktiv und dynamisch. Weißes Hemd auf weißem Grund ist auch nicht so gut. Ich kann es zwar nicht in schöne Adjektive packen, aber ich finde, das Bild trifft dich ganz gut.*

Markus: *Auch der Hintergrund ist wichtig. Das Kissen des Hotelbettes stört und hinterlässt einen Eindruck, das Foto sei ausgewählt worden, da kein besseres vorlag. Besondere Mühe steckt da wohl nicht drin. Es ist mehr so ein Bild für Freunde …*

Klasse Antworten schon mal! Leider fragt kaum jemand Freunde und Fremde nach deren Meinung zu Profilfotos. Wie ihr seht, könnt ihr aus solchen Antworten schon einiges lernen.

Freunde fragen ist also ein Weg, der euch schon sehr viel über die Aussagekraft von eurem Bewerbungs- oder Profilfoto sagen kann. Aber wie schön wäre es, wenn es tatsächlich eine Möglichkeit gäbe, benötigte Eigenschaften – wie Kompetenz, Sympathie oder Einfluss – unvoreingenommen bewerten zu lassen. Und wie schön wäre es, wenn es Wege gäbe, auf Fotos bewusst eine gewünschte Eigenschaft verstärken zu können. Die gibt es. Ich werde mich im Folgenden auf das Optimieren von Business-Fotos fokussieren – also von Fotos für eine Bewerbung oder für Job-Profile. Aber das Gleiche gilt natürlich auch für Fotos für Social-Media-Auftritte oder Dating-Seiten.

Was sind also die Schritte zu einem perfekten Profilfoto?

1. Eine **Foto-Bewertungsplattform** benutzen, um die benötigten Attribute objektiv und statistisch relevant bewerten zu lassen und …

2. … diese Erkenntnisse nutzen, um mit bewussten Veränderungen am Bild **die** gewünschte **Ausstrahlung zu erzeugen.**

Lass dein Foto online bewerten

Es gibt Online-Dienste, die nichts anderes machen als Profilbilder bewerten. Ich stelle euch den weltweit größten Foto-Test-Dienst vor: photofeeler.com (ist keine bezahlte Werbung, einfach ein Dienst, den ich mag). Dieser Dienst arbeitet sowohl mit menschlichen Bewertungen als auch mit künstlicher Intelligenz und er kostet euch – nichts.

Also habe ich mein oben gewähltes Profilbild von diesem Dienst bewerten lassen. Was sagt photofeeler.com zu meinem Foto?

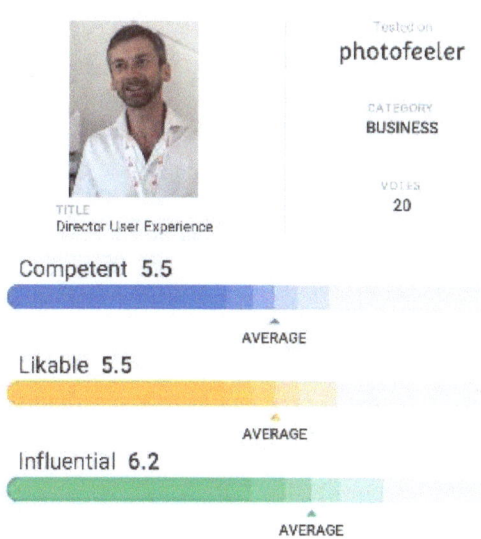

Kompetent: 5.5 von 10

Sympathisch: 5.5

Einflussreich: 6.2

Überraschung! Alles kompletter Durchschnitt. Das hatte ich nicht erwartet nach dem Feedback der Freunde. Zusätzlich haben die Tester auf photofeeler.com folgende Kommentare zum Foto abgegeben:

"Wirkt apathisch."

"Würde direkten Augenkontakt bevorzugen."

"Würde es vorziehen, wenn die Person mehr lächeln würde."

"Ich würde es vorziehen, wenn das Foto aus einem anderen Blickwinkel aufgenommen wäre."

Es ist Einiges dabei, was meine Freunde – oft freundlicher verpackt – auch gesagt haben. Aber die unvoreingenommenen Photofeeler-Tester sehen tatsächlich weder wirklich Kompetenz noch Sympathie, noch Einfluss in diesem Foto.

Wie wäre es mit dem folgenden Foto, in dem alles, was kritisiert wurde, korrigiert ist: mehr Augenkontakt, mehr Lächeln, ein anderer Winkel:

TITLE
Director of Innovation

Competent 6.9

ABOVE AVERAGE

Likable 8.4

TOP 20%

Influential 8.5

TOP 20%

Top 20 % bei Sympathie und Einfluss unter allen Milliarden Fotos, die Photofeeler je geprüft hat?! Das könnte was werden nach ein wenig weiterer Optimierung.

Welches Feedback gab es zusätzlich?

"Schönes Lächeln!"
"Schönes Foto!"
"Würde es mit anderer Kleidung bevorzugen."
"Sie wirken auf diesem Foto etwas angespannt."
"Das weiße Hemd auf weißem Hintergrund ist nicht super effektiv, und ich bin etwas verwirrt über den Hintergrundwechsel auf der rechten Seite des Bildes. Ansonsten schöner Gesichtsausdruck und elegantes Aussehen. In Kürze: würde einen besseren Hintergrund bevorzugen."

Nach diesem Feedback ließ ich nochmal einen kleineren Ausschnitt dieses Fotos testen. Darauf war das kritisierte weiße Hemd kaum sichtbar und der Hintergrund wechselte nicht. Dieser Test ergab:

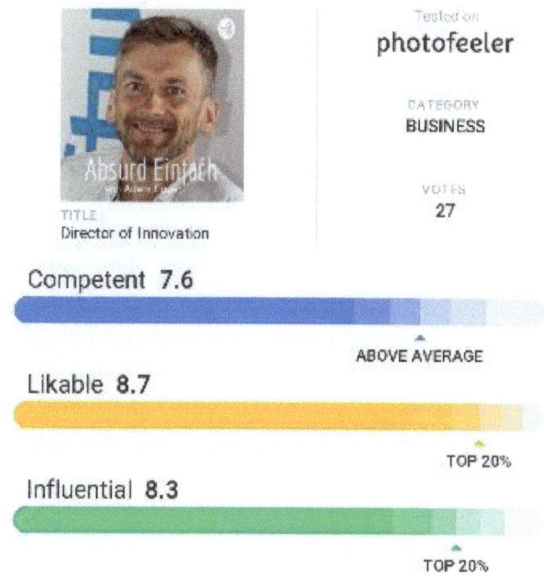

Wow, noch mal 10 % höhere Kompetenzwerte! Dazu gab es noch folgendes persönliches Feedback:

"Großartiges Foto"

"Foto scheint professionell zu sein"

"Großartiges Lächeln"

"Würde das Foto mit einem relevanten Hintergrund und ohne Text bevorzugen. Scheint auch ein bisschen zu nah zu sein" und

"Tolles Lächeln!"

Man könnte natürlich weiter optimieren, aber nein, es sind bereits wahnsinnig gute Werte. Das passt!

Das Beispiel zeigt, wie viel ein Foto über uns sagt. Wahrscheinlich mehr als die meisten von euch vermuteten. Daher empfehle ich immer nach einer ersten Prüfung der Fotos durch eure Freunde auch noch Seiten wie photofeeler.com zu benutzen. Die Entscheidung, ob ihr den Job bekommt oder nicht, kann – bewusst oder unbewusst – bereits beim ersten Blick auf euer Foto fallen.

Mein Tipp: Um Bilder auf photofeeler.com kostenlos testen zu können, müsst ihr zunächst selbst ein paar Gesichter bewerten. Danach ist eine komplett freie Benutzung dieser Plattform möglich.

Doch sicherlich fragt ihr euch, was man mit dem Feedback macht, wenn die gewünschten Werte nicht stimmen. Wie kann man also ein Foto gezielt in eine Richtung optimieren?

Bilder gezielt optimieren

Wie ihr eben gelesen habt, bewirken kleine Änderungen an einem Foto große Veränderungen in der Bewertung. Auch eine in der Zeitschrift Psychological Science veröffentlichte Studie zeigte bereits im Jahr

2014, dass schon winzige Veränderungen im Bild derselben Person zu einem deutlich veränderten Eindruck führen. Doch welche Veränderungen bewirken was?

Bevor ich es euch erkläre, lasse ich euch antworten, denn man lernt viel mehr durch aktive Mitarbeit.

Übung 7

In dieser Aufgabe werdet ihr beurteilen, welchen Einfluss - von sehr negativ (--), über neutral (0) bis sehr positiv (++) – die folgenden Veränderungen an einem Foto auf die Eigenschaften Kompetenz (K), Sympathie (S) und Einfluss (E) haben:

Augen:
1. Augenkontakt: K?, S?, E?
2. Normale Brille
3. Sonnenbrille
4. Augen leicht zusammengekniffen
Gesicht:
5. Kein Lächeln
6. Lächeln mit geschlossenem Mund
7. Lächeln mit sichtbaren Zähnen
8. Lachen

Rest:
9. Formelle Kleidung
10. Schwarz-weiß

Eure Aufgabe:

Manche dieser Änderungen haben eine dramatisch positive (++) oder sehr negative (--) Auswirkung auf eine oder mehrere der drei Eigenschaften (K, S, E), manche haben überhaupt keinen Einfluss (0). Jetzt schreibt auf, was ihr denkt, welche Veränderung was bewirkt.

Im Folgenden werde ich euch zeigen, dass es tatsächlich möglich ist, ein Foto so zu gestalten, dass einzelne Eigenschaften verstärkt werden. Und natürlich werdet ihr nicht alle immer kompetent, sympathisch oder einflussreich wirken wollen. Aber es hilft zu wissen, dass es Möglichkeiten gibt, einzelne Eigenschaften gezielt zu verändern.

Und hier kommt die Auflösung. Diese Ergebnisse entstanden im Rahmen einer Studie von photofeeler.com, bei der 800 Fotos mit insgesamt 60.000 Stimmen bewertet wurden (Quelle: Photofeeler Perfect Photo Infographic – mit freundlicher Genehmigung von Photofeeler). Die Antworten zeigen die Abweichungen vom Mittelwert:

1. **Augenkontakt.** Augenkontakt bewirkt keinerlei Veränderung bei Kompetenz (K), Sympathiewerten (S) und Einfluss (E).

2. **Brille**: K+, S+, E0. Eine Brille auf dem Foto erhöht also leicht die wahrgenommene Kompetenz und Sympathie.

3. **Sonnenbrille:** K0, S-, E0. Eine Sonnenbrille bewirkt eine Verschlechterung beim Sympathiewert und bringt keine positive Wirkung auf die Kompetenz und Einfluss.

4. **Augen leicht zusammengekniffen** wirken tatsächlich bei allen drei Werten positiv (K+, S+, E+). Der Grund dafür ist, dass weit geöffnete Augen mit Angst assoziiert werden. Für mich war das überraschend.

5. **Kein Lächeln:** K-, **S--**, E-. Auch das überrascht. Ernst gucken assoziiert man oft mit Souveränität. Ein ernster, nicht lachender Mund **senkt aber alle Werte.** Der Sympathiewert sinkt sehr stark, aber auch die Kompetenz- und Einflusswerte verschlechtern sich.

6. **Lächeln ohne Zähne zeigen:** K0, **S++**, E0. Beim Lächeln gibt es erwartungsgemäß einen sehr starken Zuwachs bei Sympathiewerten.

Jetzt kommt aber der klare Sieger:

7. **Lächeln mit Zähnen: K+, S++++, E+.** Das Überraschende ist, dass der Sympathie-Zuwachs im Vergleich zum Lächeln ohne Zähne sich mehr als verdoppelt. Erstaunlicherweise wirkt

Lächeln mit Zähnen aber auch positiv auf die Kompetenz- und Einflusswerte. Das glauben viele nicht und sind überrascht, wenn die eigenen lachenden und für einen selbst zu weich wirkenden Fotos von anderen sehr positiv in allen Bereichen bewertet werden.

8. **Lachen**. K0, **S++++**, E0. Ein Lachen ist zu viel des Guten. Der Sympathiewert steigt zwar noch etwas höher, aber die Vorteile bei der Kompetenz und beim Einfluss verschwinden völlig.

No Smile (Serious) -0.22 -0.80 -0.23

Smiling (Mouth Closed) +0.65

Smiling (Teeth Visible) +0.33 +1.35 +0.22

Smiling (Laughing) +1.49

9. **Formelle Kleidung**: K+++, S0, E+++. Wie von den meisten vermutet, steigen die Kompetenz und Einflusswerte bei formeller Kleidung dramatisch. Nichts im gesamten Test hatte einen so großen Einfluss auf zwei Werte wie formelle Kleidung.

10. **Schwarzweiß-Fotos** oder **unterschiedliche Hintergründe** bewirken nichts.

Welche Ergebnisse waren für euch überraschend? Wird euer nächstes Bewerbungsfoto jetzt anders aussehen?

Zusammenfassung: Profilfotos optimieren

Generell möchte ich euch mit diesem Buch zeigen, **wie man die eigene Kommunikation durch das Lesen und Anwenden der Körpersprache deutlich verbessern kann.**

Im ersten Teil ging es um die **Bedeutung** der Körpersprache – vor allem in den **ersten sieben Sekunden.**

Der erste Eindruck, den wir hinterlassen, ist „**PAIN**"
P – Permanent: Man kann den ersten Eindruck später kaum noch verändern.

A – Akkurat: Wir liegen richtig mit dem Lesen des ersten Eindrucks.

I – Immediate/unmittelbar: Wir können unser Gegenüber nach kürzester Zeit genau lesen.

N – nonverbal: Das passiert, noch bevor die Person den Mund aufmacht.

Wenn der erste Eindruck also so wichtig ist, sollte er auch – zusätzlich zur fachlichen Vorbereitung – genauestens **vorbereitet und gestaltet** werden.

Zur Vorbereitung des ersten Eindrucks in wichtigen Situationen solltet ihr euch immer die folgenden Fragen stellen:

1. **Wen möchte ich begeistern?** Man sollte nicht nur versuchen genau herauszufinden, wen man trifft. Man sollte auch versuchen, die Person so gut wie möglich zu kennen vor der wichtigen Situation.

2. **Wie möchte ich wirken?** Es hilft, vorher drei Adjektive zu definieren, die beschreiben, wie man wirken möchte, und den Auftritt nach diesen zu gestalten.

Nach der Beschreibung dieser Vorbereitungsschritte habe ich euch **im zweiten Kapitel** gezeigt, wie man **einzelne Eigenschaften auf einem einzigen Foto be-**

einflussen kann. Einige Eigenschaften wie kompetent, sympathisch, einflussreich, smart, vertrauenswürdig, attraktiv, selbstsicher, authentisch und lustig können sogar mit Hilfe von Online-Diensten wie photofeeler.com bewertet werden.

Was ist denn, wenn man also perfekt vorbereitet ist? Gibt es Wege, **während** der wichtigen Situation den eigenen Auftritt zu optimieren? Ja, die gibt es! Wie man den eigenen Auftritt vor allem in den ersten Sekunden optimieren kann, erkläre ich im folgenden Kapitel.

Gesamtauftritt optimieren

Habt ihr schon mal Menschen getroffen, die auf euch sofort einen wahnsinnig positiven Eindruck gemacht haben? Oder Menschen, die euch auf Anhieb nicht sympathisch waren?

Ob wir wollen oder nicht, wir entscheiden innerhalb von wenigen Augenblicken, ob wir eine Person mögen, ihr vertrauen, sie besser kennenlernen wollen – oder aber nicht.

Diese ersten Sekunden sind enorm wichtig, aber leider denken wir selten daran, dass wir nur diese kurze Zeit haben. Die Meisten üben nur, was in der wichtigen Situation gesagt werden soll, die Wenigsten planen jedoch tatsächlich den ersten non-verbalen Eindruck.

Wie ihr schon wisst, entscheiden wir, ob wir eine Person mögen, ob wir ihr vertrauen und ihr glauben, noch bevor diese Person ein Wort gesagt hat.

Das heißt, in all den wichtigen Situationen in unserem Leben haben wir leider nicht ewig Zeit, um zu überzeugen, um zu zeigen, dass man uns vertrauen und glauben sollte, sondern tatsächlich nur wenige Sekunden.

Andererseits kann man aber auch innerhalb dieser wenigen Sekunden einen positiven Einfluss auf das Ergebnis der gesamten Situation nehmen – das Ergebnis eurer Verhandlung, der Präsentation oder des Vorstellungsgesprächs.

Doch bevor ich mit den Komponenten eines perfekten ersten Eindrucks beginne, hier die nächste Aufgabe an euch.

Übung 8
Was glaubt ihr, worauf schauen Menschen bei einem Treffen zuerst?

Hier wie immer die Antworten aus dem Webinar:

Andrea: *Gesicht, Augen?*

Dana: *Gucken: Gesicht. Wahrnehmung insgesamt: Gestik, Mimik, Geruch, Körpersprache*

Martin: *Augen.*

Melanie: *Augen/Blick; Mund/Lächeln; dadurch mehr oder weniger Sympathie*

Stefanie: *Als Erstes Kleidung und SCHUHE, kurz danach Gesicht und Hände*

Und es sind tatsächlich **die Hände**. Im ersten Kapitel habe ich euch erklärt, dass der erste Eindruck ein Urinstinkt ist, etwas, was uns einst half zu überleben. Wir mussten beim Anblick einer fremden Person sofort vor allem eine Frage beantworten: ist diese Person gefährlich oder ist sie uns wohlgesonnen?

Der Mensch will somit zuerst sehen, ob sich in der Hand der anderen Person etwas Gefährliches befindet. Wir unterschätzen komplett die Macht und die Aussagekraft unserer Hände.

Die Macht der Hände

Die Hände sind der erste Punkt auf der Liste der Elemente, die unseren ersten Eindruck am deutlichsten beeinflussen.

Im ersten Kapitel stellte ich euch die Frage, welchen Fehler die Frau macht.

Der größte Fehler, den sie macht, ist tatsächlich, dass sich ihre Hände unter dem Tisch befinden und für die Anderen nicht sichtbar sind.

Die anderen beiden Personen werden abgelenkt, weil sie – unbewusst – ununterbrochen überlegen, warum die Hände unter dem Tisch versteckt sind und was mit ihnen dort passiert.

Tatsächlich kann man schon mit dem richtigen Handeinsatz schwierige Situationen sehr positiv beeinflussen. Es gibt eine interessante Studie von Robert Gifford, Psychologie-Professor an der University of Victoria, die zeigte, dass Personen, die in Jobinterviews ihre Hände am längsten sichtbar zeigten, tatsächlich viel öfter eingestellt wurden.

Auch Vanessa van Edwards – die Autorin des Buchs „Captivate" – hat analysiert, wie sich die populärsten TED-Talks von den unpopulärsten unterscheiden. Dabei stellte sich heraus, dass die erfolgreichsten TED-Talker etwa 600 Handbewegungen in 18 Minuten machen, weniger erfolgreichen dagegen nur 200.

Menschen fühlen sich viel wohler und entspannter, wenn sie permanent die Hände von ihrem Gegenüber sehen können!

Hier also **der mit Abstand wichtigste Tipp** für eure Präsentationen, für Vorstellungsgespräche, Verhandlungen, Dates und sonstige wichtige Situationen: Auch wenn euer Gehirn sagt: „Ich fühle mich nicht wohl in dieser schwierigen Situation, will meine Hände am liebsten unter dem Tisch halten und sie tief unter den Beinen vergraben". **Tut es nicht!**

Wie ist es denn richtig? Ich empfehle euch, die **Hände auf dem Tisch zu lassen**, große – aber nicht zu große – Gesten mit den Händen zu machen und vor allem die verletzlichen Handinnenflächen so oft wie möglich nach oben zu halten. Das allein lässt euch kompetent und sympathisch wirken.

Der zweite wichtige Punkt zum Thema Hände ist der **Handschlag.**

Ich empfehle euch, den Handschlag in wichtigen Situationen nie wegzulassen (wenn nicht gerade eine Pandemie herrscht ;)). Sobald sich Menschen berühren, produziert der Körper das Hormon Oxytocin. Oxytocin wirkt stress-regulierend und hilft uns, eine tiefere Verbindung zum Gegenüber aufzubauen.

Ihr solltet aber den Handschlag richtig einsetzen. Ich könnte jetzt fragen, wie ein guter Handschlag aussehen sollte, aber um bessere Antworten zu bekommen, benutze ich eine meiner Lieblings-Kreativitätstechniken zur Ideenfindung: die Kopfstandtechnik. Man kehrt dabei die Frage um.

Übung 9

Beschreibt, wie der schlimmste Handschlag aussieht.

Und hier wieder zum Vergleich ein paar Antworten aus meinem Online-Seminar.

Melanie: *Wie ein toter Fisch. Greift nicht zu, drückt nicht, liegt einfach nur schlaff in der Hand.*

Peter: *Zu fest ist mir zu aggressiv/dominant, zu lasch finde ich „nicht greifbar".*

Markus: *Ein zu langer Händedruck kann auch sehr unangenehm sein. Es hat etwas Besitzergreifendes.*

Den richtigen Händedruck als eine der wichtigsten Komponenten eines perfekten ersten Eindrucks unterschätzen viele. Hier einige Dinge, die beim Händedruck zu beachten sind:

1. **Drei bis vier Sekunden** – ein perfekter Händedruck sollte nicht zu lang, aber auch nicht zu kurz sein.

2. **Trocken** – man sollte einen feuchten Händedruck vermeiden. Feuchte Hände signalisieren Aufregung. Lösung: Ein Taschentuch für den Notfall in der Hosentasche bereithalten.

3. **Vertikal** – beide Daumen sollten während des Händedrucks genau nach oben zeigen. Ein Handschlag mit der eigenen Handinnenfläche nach oben kann Unterwürfigkeit signalisieren. Dagegen drehen viele Alphas die eigene Handinnenfläche nach unten, um zu signalisieren: „Ich möchte hier dominieren." Sicherlich kennt ihr Situationen, in denen Menschen die eigene Hand stark drehen beim Drücken. Manchmal wird empfohlen, in Situationen, in denen man selbstbewusster wirken möchte, oder wenn man erwartet, kritisiert zu werden, die eigene Handinnenfläche beim Handschlag ein kleines bisschen nach unten zu drehen. Das allein wird bereits deutlich signalisieren, dass man der Situation gewachsen ist.

4. **Fest** – der Händedruck muss fest sein, besonders der von Frauen. Dann erzielen sie laut Untersuchungen von Greg Stewart, Management-Professor an der Uni Iowa, Sympathiehöchstwerte und bekommen nach dem Vorstellungsgespräch tatsächlich öfter den Job!

Ein zu heftiges Schütteln sollte vermieden werden, es sollte sich eher wie ein bewusstes, festes und langsames Wahrnehmen der anderen Hand anfühlen.

In wichtigen Situationen schaue ich außerdem während der Begrüßung – zusätzlich zu einem festen, vertikalen Händedruck – meinem Gegenüber bewusst in die Augen und versuche dabei seine/ihre Augenfarbe wahrzunehmen.

Die Macht des Augenkontakts

Womit wir direkt beim nächsten Punkt eines perfekten Eindrucks wären: dem **Augenkontakt.**

Blickdauer

Übung 10

Überlegt mal, wieviel Prozent der Zeit schaut man sich während eines angenehmen Gesprächs (in Westeuropa) in die Augen? 20 %, 40 %, 60 % oder 80 %?

Hier als Vergleich zu eurer Antwort eine interessante Diskussion als Reaktion auf diese Frage in meinem Online-Kurs:

Jürgen: *40 %*

Markus: *80 %*

Jürgen: *Mutig! Ich habe schon Zweifel bekommen, ob meine 40 nicht doch zu hoch gegriffen sind ...*

Stefanie: *Ja, ich bin auch eher bei 20 % ...*

Markus: *Kommt ja auf das Gespräch drauf an ... Sicher schweifen die Augen über das gesamte Gesicht, die Hände, den Oberkörper u.a. und schließlich auch auf Dinge außerhalb des Gegenübers. Ich habe vielleicht „in die Augen" mit „ins Gesicht" gleichgesetzt. Gleichzeitig in die Augen schauen, ist bei Fremden evtl. unangenehm. Direkter Augenkontakt kommt sicher seltener und dann nur für kurze Sekunden vor.*

Dana: *Ja, das vermute ich auch. Dauerhafter direkter (beidseitiger) Augenkontakt hat etwas Besitzergreifendes, Übergriffiges, Zwanghaftes. Ich tippe auf 20 % - 40 % Augenkontakt und insgesamt „Gesichtskontakt" 80 %.*

Stefanie: *... also ich finde es toll, wenn man es schafft, bei einer (privaten) Unterhaltung dem Gegenüber in die Augen zu schauen. Ich bin nur wirklich schlecht darin!*

Dana: *Im Rahmen einer privaten Unterhaltung ist das sicher anders zu bewerten. Da signalisiert Augenkontakt eher Intimität, Zuneigung, Interesse. Im Vorstellungsgespräch eher Zielstrebigkeit, Willensstärke, Dominanz und Selbstbewusstsein.*

Jürgen: *Ich kann da bestimmt auch noch besser werden. Umgekehrt fällt es mir jedoch extrem negativ auf, wenn jemand nicht oder kaum Augenkontakt hält.*
Kommt auch darauf an, WIE mein Gegenüber schaut. Starrer Blick mit bösem „Hundegesicht" ist was anderes als häufiger Augenkontakt bei freundlichem Gesicht mit Lächeln.

Und hier kommt die Auflösung. Der britische Sozialpsychologe Dr. Argyle hat in einer Studie herausgefunden, dass man in Westeuropa im Schnitt **61 % der Zeit** in die Augen des Gesprächspartners schaut.

Im Detail sind es **40 % während man selbst redet,** und **75 % während man zuhört.** Das sind Werte, bei denen sich beide Gesprächspartner am wohlsten fühlen.

Warum gibt es diese Unterschiede? Das Gehirn vermeidet beim eigenen Sprechen im Gegensatz zum passiven Zuhören doppelte Arbeit. Das Gehirn möchte sich nicht sowohl auf das Formulieren der Sätze als auch auf das Lesen der Gesichtsausdrücke vom Gegenüber gleichzeitig fokussieren müssen, was zu den deutlich geringeren Werten beim Sprechen führt.

75 % Augenkontakt beim Zuhören sind zwar optimal, aber nicht einfach umzusetzen. Dieser Wert wird euch aber sehr empathisch erscheinen lassen.

Beobachtet euch in den nächsten Gesprächen – kommt ihr in etwa auf diese Werte?

Hier noch eine Übung für euch.

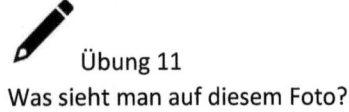

Übung 11

Was sieht man auf diesem Foto?

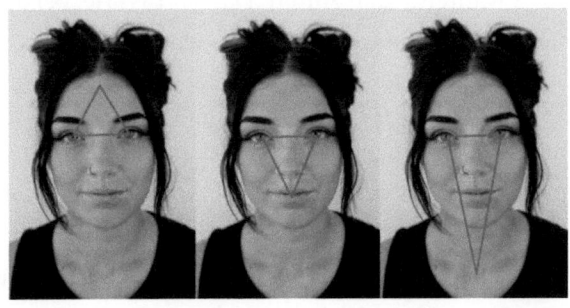

Blickrichtung

Das Bild zeigt unsere verschiedenen Blickrichtungen in Gesprächen. Das Thema Blickrichtung ist einer der Favoriten bei meinen Körpersprache-Kursen weltweit.

Betrachten wir Menschen immer gleich, wenn wir uns mit ihnen unterhalten? Nein, es gibt tatsächlich Unterschiede, je nach sozialer Vertrautheit. Es gibt dabei drei verschiedene Blickrichtungen: **den Power-Blick, den sozialen Blick und den intimen Blick**. Am neutralsten davon ist der soziale Blick.

Sozialer Blick

Man schaut die eigenen Freunde etwa 90 % der Zeit im Bereich zwischen den Augen und dem Mund an. Auf die Gesprächspartner wirkt diese Art angeschaut zu werden freundlich und nicht-aggressiv.

Intimer Blick

Der intime Blick geht deutlich tiefer als der soziale Blick. Männer und Frauen nutzen diesen Blick, um Interesse am Gegenüber zu signalisieren. Das Interessante ist, dass die angeschaute Person diesen Blick tatsächlich erwidert, falls sie selbst auch interessiert ist.

Power-Blick

Der Power-Blick bewegt sich dagegen von den Augen nach oben Richtung Stirn. Alphas üben diesen Blick dauernd aus. Stellt euch vor, die Person vor euch hat ein drittes Auge in der Mitte der Stirn. Jetzt schaut ihr die Person an, indem ihr den Blick zwischen den drei Augen wechselt. Die Wirkung, die diese Art Menschen anzuschauen auf sie hat, muss man erst erleben, um zu verstehen, wie mächtig sie ist. Dieser Blick erzeugt nicht nur sofort eine viel seriösere Stimmung, sondern unterbricht sogar lange Monologe. Lasst euren Blick über den Augen der anderen Person ruhen, und der Druck, mit dem Monolog aufzuhören, wird mit jeder Sekunde größer.

Bleibt ihr im Power-Blick, werdet ihr deutlich selbstbewusster wirken und euer Gegenüber wird daraufhin meist sogar den Blick senken. Ich würde euch empfehlen, diese Art zu schauen nicht in freundschaftlichen oder romantischen Situationen auszuprobieren.

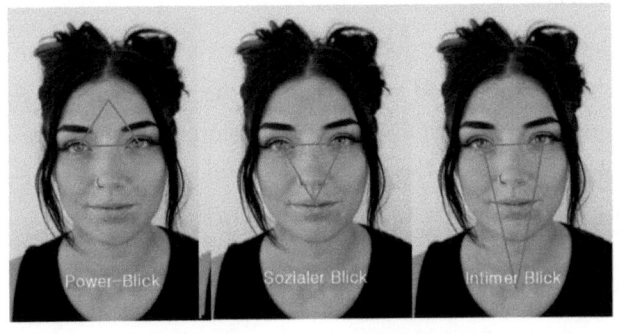

 Übung 12
Beschreibt, welche Wirkung diese drei Blickarten in unserem Leben haben. Denkt an das Wahrnehmen der Blickrichtung und das Anwenden.

Das Interessante an den Blickrichtungs-Dreiecken ist, dass man an ihnen direkt ablesen kann, was andere von uns halten. Die Blickrichtung beantwortet, ob der Gesprächspartner die Beziehung für eine Business-Beziehung hält (Power-Blick), für eine freundschaftliche (sozialer Blick) oder ob da sogar mehr Interesse ist (intimer Blick). Wie wir schauen, können wir nur sehr schwer bewusst kontrollieren, daher ist die nonverbale Aussagekraft der Augen bzw. der Blickrichtung auch sehr groß.

Beobachtet beim nächsten Gespräch die hauptsächliche Blickrichtung der anderen Person. Bleibt der Blick im Dreieck zwischen eurer Stirn und den Augen, zeigt euch die Person klar: „Ich möchte diese Situation dominieren." Bleibt der Blick der Person zwischen euren Augen und dem Mund – was wie gesagt der Normalfall in den meisten sozialen Situationen ist — wisst ihr, dass es eine neutrale, freundliche Beziehung ist. Geht der Blick dieser Person von euren Augen auch immer wieder Richtung Hals, ist es ein Zeichen dafür, dass da — bewusst oder unbewusst — Interesse an euch besteht.

Das Interessante ist, dass man genauso auch den eigenen Blick beobachten kann, um sich selbst besser zu verstehen. Je nach gewünschter Wirkung kann man natürlich auch den eigenen Blick anpassen. Möchte ich freundlicher wirken? Möchte ich dominanter wirken? Oder möchte ich sogar bewusst Interesse zeigen?

Ein sehr spannendes Thema, da das alles unbewusst abläuft und vom Gegenüber auch unbewusst gelesen und verstanden wird.

Die Macht der Körperhaltung

Bevor ich die dritte Komponente des perfekten ersten Eindrucks beschreibe, kommt erst wieder eine Frage an euch.

Übung 13
Wie würdet ihr Körpersprache definieren?

Zum Vergleich wieder ein paar Antworten der Online-Seminar-Teilnehmer:

Jürgen: Alles, was ich von außen visuell wahrnehmen kann? Gestik, Mimik, Blickrichtung, Körperhaltung, Ausrichtung und/oder Bewegung im Raum, ...

Caren: Alle nonverbalen Signale, die der Körper zeigt. Also Kommunikation ohne Sprache.

Andreas S: Sprache ist meistens bewusste [...] Kommunikation. Körpersprache ist meistens unbewusste Kommunikation.

Marlene: Körpersprache ist, sich mit Gestik, Körperhaltung etc. auszudrücken

Unterscheidet sich eure Antwort von diesen Definitionen der Körpersprache? Hier kommt die Definition, die ich in meinen Vorträgen benutze. Ich mag sie, weil sie kurz ist und das beinhaltet, **was** bei der Körpersprache dargestellt wird, zusätzlich zu den von euch erwähnten Dingen **wie**:

Körpersprache ist die äußere Darstellung unserer inneren Emotionen.

Das heißt die Körpersprache transportiert nach außen, was wir innen empfinden.

Übung 14

Was glaubt ihr, ist unsere Körpersprache angeboren oder erlernt?

Früher vermutete man, dass Kinder die Körpersprache der Eltern einfach abgucken. Man konnte aber beobachten, dass auch blinde Menschen die gleiche Körpersprache bei Freude und Niederlage benutzen wie Sehende. Das allein zeigte, dass große Teile unserer

Körpersprache tatsächlich angeboren sind. Es gibt zwar kulturelle Unterschiede im Detail, aber all unsere Grundemotionen werden in allen Kulturen weltweit gleich ausgelebt.

Übung 15

Wenn also die Körpersprache die äußere Darstellung unserer Empfindungen ist, welche Empfindungen werden hier gezeigt?

Ich gehe davon aus, dass euch diese Übung nicht schwerfiel. Diese Haltungen sind leicht als Sieg und als Niederlage verständlich. Sie bestehen beide jedoch aus mehreren Körpersprache-Elementen. Wir können diese Elemente der Körpersprache des Anderen oft unbewusst interpretieren.

Ich will euch in diesem Buch beibringen, diese Körpersprache-Elemente **bewusst lesen** und sie auch **bewusst einsetzen** zu können.

Um die eigene Körpersprache bewusst einsetzen zu können, solltet ihr zuerst verstehen, welche Körpersprache ihr selbst in welchen Situationen benutzt.

Die Übung **Meine Momente** hilft euch, eure eigene Körpersprache besser zu verstehen. Die Übung funktioniert besser, wenn sie jemand mit euch macht.

Übung 16

Meine Momente

Stellt euch hin und erzählt eurem Gegenüber ein bis zwei Minuten von einem sehr positiven, stolzen Moment in eurem Leben, erzählt, was da genau passiert ist und auch wie ihr euch dabei gefühlt habt.

Danach erzählt ihr – auch im Stehen – ein bis zwei Minuten von einem peinlichen, unangenehmen Erlebnis in eurem Leben. Erzählt wieder genau, was dabei passiert ist und wie ihr euch gefühlt habt.

In beiden Situationen achtet euer Gegenüber dabei auf Folgendes:

Stand und Körper des Vortragenden: Breit? Schmal?

Hände: Wo sind sie? Wie bewegen sie sich?

Gesicht, Augen: Was macht die Person mit dem Gesicht und den Augen beim Vorstellen der beiden Momente?

Stimme: Stimmhöhe? Stimmgeschwindigkeit?

Objekte in der Hand? Sonstige Bewegungen?

Lasst danach den Beobachter berichten, was ihm oder ihr bei beiden Erzählungen aufgefallen ist. Wo waren die größten Unterschiede?

Caren: *Zu dem Experiment: beim Erzählen des positiven Erlebnisses war ich wohl ab und zu auf den Fußspitzen – ohne es zu merken – habe mehr gestikuliert und die Handinnenflächen nach oben genommen. Die Mimik war sehr positiv. Anders beim negativen Erlebnis: Stimme dunkler, weniger gestikuliert, Handinnenflächen nach unten.*

Die Übung **„Meine Momente"** hilft euch, euch selbst besser zu verstehen. Ihr solltet lernen, in schwierigen Situationen bewusst wahrzunehmen, wann euer Körper anfängt, diese Stress-Signale auszusenden. Ich würde euch empfehlen, euch mehrmals von eurer Familie oder von Freunden beobachten zu lassen, während ihr diese Momente beschreibt, um **genau** zu wissen, wie eure positive und negative Körpersprache ist.

Hier noch eine Übung, die zeigt, wie stark die Verbindung der Gefühle zur Körpersprache ist und wie schwer es ist, die beiden zu trennen.

 Übung 17

Stellt euch in die Pose mit nach oben ausgestreckten Armen und sagt leise: „Ich bin so eine Verliererin, alles läuft schief."

Danach setzt ihr euch hin, Kopf nach unten, Schulter nach unten. Macht euch klein und sagt: „Ich bin der/die Größte, alles läuft so perfekt!".
Wie fühlt sich das an?

Andrea: *Es funktioniert nicht, es fühlt sich „falsch" an.*

Wisst ihr warum es sich falsch anfühlt? Weil die Tatsache, dass die Körpersprache die äußere Darstellung unserer inneren Emotionen ist, erstaunlicherweise auch andersherum gilt. Es ist also nicht nur so, dass der Körper zeigt, wie man sich fühlt, sondern **die gezeigte Körpersprache führt auch zu den entsprechenden Emotionen!**

Power Posing – Mut antrinken ohne Alkohol

Was heißt das? Das heißt, dass man die eigene Körpersprache benutzen kann, um seine Emotionen zu beeinflussen. Es gibt sogar eine einfache Methode, um Angst zu reduzieren, besser mit Stress umzugehen und euer Selbstvertrauen innerhalb von nur zwei Minuten zu steigern. Diese Geheimwaffe heißt **Power-Posing** und wurde 2014 von Amy Cuddy beschrieben, einer amerikanischer Sozialpsychologin und Professorin für Betriebswirtschaftslehre an der Harvard Business School.

Amy Cuddy fand heraus, dass leistungsfähige Führungskräfte nicht nur eine ähnliche Denkweise teilen, sondern auch ähnliche Hormonspiegel: **mehr Testosteron und weniger Cortisol**. Cortisol ist unser Stresshormon. Ein niedriger Cortisolspiegel führt zu weniger Angst und einer verbesserten Fähigkeit, mit Stress umzugehen. Auf der anderen Seite steigert ein höheres Niveau an Testosteron sowohl bei Männern als auch bei Frauen das Selbstvertrauen. Diese zwei Hormone reagieren sehr schnell auf soziale Reize (schwierige Situationen) und führen sofort zur entsprechenden Körpersprache.

Aber jetzt kommt das Erstaunliche: **Durch die richtige Körpersprache kann man innerhalb von nur zwei Minuten sowohl einen deutlich höheren Testosteron- als auch einen niedrigeren Cortisolspiegel bekommen.** Dadurch strahlt man innerhalb kürzester Zeit Ruhe, Souveränität und Selbstsicherheit aus. Das heißt, dass man also tatsächlich Stress und Aufregung nicht nur verstecken kann, sondern komplett beseitigen. Mit dem Richtigen Einsatz vom **Power-Posing.**

Was heißt Power-Posing nun genau? Power-Posen sind alle offenen Körperhaltungen, in denen der Mensch möglichst viel Platz einnimmt: mit den Armen, mit den Beinen, mit den Schultern. Und nur zwei Minuten in dieser Power-Position steigern laut Amy Cuddys Untersuchung den Testosteronwert um ganze 20 % – was das Selbstvertrauen deutlich steigert – und senken Cortisolwerte um bis zu 25 % – was die Angst deutlich reduziert.

Hier der Link zum Video von Amy Cuddy, das diese erstaunlichen Ergebnisse zeigt und mittlerweile zu den populärsten TED-Videos aller Zeiten gehört: https://www.ted.com/talks/amy_cuddy_your_body_language_shapes_who_you_are

Vor wichtigen Situationen ziehe ich mich generell an einen ruhigen Ort zurück, wo ich allein sein kann (z.B. die Toilette), um dort in Ruhe zwei Minuten lang lächelnd in der Power-Pose zu stehen. Das bewirkt Wunder. Ich habe zum Beispiel vor einigen Wochen einen Vortrag für den Vorstand einer großen israelischen Firma in Tel Aviv gehalten. Da waren die zwei Minuten Stehen in einer Power Pose wirklich nötig und auch hilfreich.

Wie ihr bereits wisst, erzeugen die ersten Sekunden einer wichtigen Situation einen dauerhaften ersten Eindruck über euch. Und die Power-Pose vor dem wichtigen Auftritt wird euch helfen, in diesen ersten Sekunden souveräner und ruhiger zu bleiben.

Der Körper sagt euch, wie ihr euch fühlt

Hier noch ein zweiter Tipp zum Thema Körperhaltung. Während einer aufregenden Situation – also bei eurem Vorstellungsgespräch, Verhandlung, Präsentation, Date – wird euer Körper sich irgendwann in die Low-Power-Position bewegen: Die Körperhaltung wird immer enger, die Knie werden sich zueinander bewegen, die Schultern senken sich, die Hände kommen zusammen. An der Stelle empfehle ich euch – auch wenn es schwerfällt – trotzdem etwas breiter und aufrechter zu sitzen. Bewegt die Knie ein paar Zentimeter auseinander, legt einen Arm auf die Stuhllehne neben euch oder stemmt einen Arm in die Hüfte. Nehmt eine breitere, selbstbewusste Körperhaltung ein und ihr werdet schnell merken, wie sich euer ganzes Körpergefühl ändert.

Einige von euch werden sicherlich diesen Punkt als unangenehmes Alpha-Posing à la Ronaldo sehen. Es geht hier aber nicht um ein übertriebenes Alpha-Gehabe. Es geht eher darum zu bemerken, wann der eigene Körper nach außen signalisieren möchte, dass die Situation gerade unangenehm wird und dagegen sanft anzugehen.

Das Power-Posing sollte aus meiner Sicht vor allen wichtigen Situationen angewendet werden. Was machen aber die Meisten vor einem wichtigen Termin?

Die Mehrheit liest am Handy etwas zur Entspannung. Was signalisiert man aber dem Körper in dieser Position? Enge, sich klein machende, gebückte Haltung: genau, die Low-Power-Pose. Doch das ist das Gegenteil von dem, was man eigentlich ausstrahlen möchte. Man programmiert sich dadurch selbst auf Angst.

Ich empfehle vor wichtigen Terminen, die größte Tageszeitung mitzunehmen und diese mit ausgebreiteten Armen zu lesen.

Fronting – den Körper richtig ausrichten

Der letzte Aspekt aus dem Bereich der Körperhaltung fehlt noch: das **Fronting** – also die Ausrichtung des Körpers. Menschen, die sich sicher und wohl fühlen, richten ihren gesamten Körper genau auf die Person, mit der sie sprechen.

Fronting ist das Zuhören mit **zugeneigtem Kopf, Torso und Füßen**. Es ist ein nonverbales Zeichen von Respekt und eine gute Möglichkeit, dem Gesprächspartner zu zeigen, dass man aktiv zuhört.

Eine einfache Methode, das Fronting zu praktizieren, ist zu beobachten, ob die eigenen Schultern mit den Schultern des Gesprächspartners ein Rechteck bilden. Das Gleiche gilt auch für die Füße.

Das richtige Einsetzen all dieser eben vorgestellten Punkte – der Hände, der Körperhaltung und des Augenkontakts – als Teil vom ersten Eindruck wird euch viel vertrauenswürdiger wirken lassen.

Zum Abschluss noch eine weitere Frage an euch.

Übung 18

Körpersprache passiert unbewusst, kann aber bewusst gesteuert werden. Manche Körperteile kann man besser steuern, manche schlechter. Was meint ihr lässt sich sehr schlecht steuern und zeigt somit oft sehr deutlich Dinge, die man eigentlich verbergen möchte?

Als Antworten kommen hier meistens: Gesichtsmimik, Schwitzen, Gesichtsfarbe, Handschweiß. Doch tatsächlich sind es die **Füße**, die viel verraten, insbesondere die Stellung der Füße.

Die Macht der Fußstellung

Gesichtsausdrücke kann man oft bewusst steuern, denn die Ehrlichkeit unserer Körpersprache nimmt von oben nach unten zu – also vom Gesicht bis zu den Füßen. Das heißt, dass man Körperteile, die weit entfernt vom Gehirn sind, schlechter kontrollieren kann als nähere Körperteile. Somit sind die Füße das ehrlichste Körperteil. Beine und speziell unsere Füße verraten somit sehr viel über unsere echten Empfindungen.

Aber was ist es, dass die Füße so spannend macht? Es ist vor allem die Richtung der Füße.

💡 **Die Füße zeigen in die Richtung, in die eine Person wirklich will.**

Während Gesicht und Oberkörper noch aus Höflichkeit der unsympathischen Person zugewendet sind, können die Füße bereits ehrlich in Richtung Ausgang zeigen.

In diesem Zusammenhang hier ein paar interessante Aspekte, die ihr bei nächster Gelegenheit beobachten könnt:

Unsere Füße zeigen – wie gesagt – oft in die Richtung, die uns am meisten anzieht. Das heißt auch, dass man während einer Diskussion die Füße des Gesprächspartners beobachten kann, um zu sehen, ob die Person das Gespräch mit euch genießt (Fußspitzen zeigen in eure Richtung) oder vielleicht euch bereits unbewusst zeigt, dass sie überlegt, wie sie dieses Gespräch beenden kann (Fußspitzen zeigen dann oft Richtung Ausgang oder Toilette).

Oft beobachte ich miteinander diskutierende Menschen, da man an der Fußposition auch Sympathie und Antipathie ablesen kann. Unterhalten sich zum Beispiel zwei Personen miteinander und ihr stellt euch dazu, sollte sich sofort ein Fußspitzendreieck aus euren sechs Füßen bilden (linker Fuß zeigt jeweils zur linken Person, rechter Fuß zur rechten Person). Passiert das nicht – also beide Gesprächspartner lassen ihre Fußspitzen zueinander gewandt – heißt es sehr deutlich, dass man stört.

Auf der anderen Seite – was ich noch spannender finde – kann die Richtung der Fußspitzen heimliche Sympathien in einer größeren Gruppe entlarven. Beobachtet man ein Gespräch zwischen mehreren Personen, zeigen die Fußspitzen meist in die Richtung der Person, der man am meisten zugeneigt ist. Es ist spannend zu beobachten, wer unter Umständen wen anziehend findet.

Außer der Fußrichtung gibt es einen weiteren Sympathie-Indikator: die Blickrichtung beim Lachen. Lachen ist nämlich keine Reaktion auf Witze. Lachen ist eine Art Kommunikation, die dazu dient, Menschen, die uns nahestehen, zu zeigen, dass man sie versteht und den gleichen Humor hat. Wir schauen beim Lachen immer die Person an, die uns am nächsten steht. Zeigen also die Fußspitzen von zwei Personen in einer Gruppe zueinander und sie schauen sich zusätzlich beim Lachen an, sind das zwei deutliche Signale für Zuneigung.

Übung 19

Könnt ihr diese beiden Situationen analysieren?

Die Personen auf dem oberen Bild scheinen sich in der dargestellten Situation gut zu verstehen. Auf dem unteren Foto zeigt die rechte Person, dass sie weg möchte. Es muss aber keine Abneigung sein, es ist vielleicht einfach eine volle Blase.

Wenn man anfängt, in Gesprächen auf die Fußstellung zu achten, sieht man diese weggedrehten Füße – vor allem während der Oberkörper dem Gesprächspartner noch zugewandt ist – tatsächlich sehr oft.

Und hier noch eine Geschichte zum Thema Füße: Ihr erinnert euch an mein Treffen mit dem Innovationschef einer großen deutschen Firma, bei dem ich versucht habe, den ersten Eindruck zu gestalten. Dabei setzte ich auch all das ein, was ich auf den letzten Seiten beschrieben habe, um kompetent zu wirken. So machte ich eine Zeitlang vorher Power-Posing auf der Toilette. Die Hände und auch die Mimik versuchte ich bewusst zu kontrollieren. Meine Beine hatte ich dabei aber gar nicht im Griff. Unterhalb der Hüfte hat sich der Körper, ohne dass ich es kontrollieren konnte, dauernd klein gemacht. Meine Knie waren dauernd gegeneinandergepresst, und auch die Füße berührten sich ständig. Als ob sich die wahren Emotionen ihren Weg suchen würden, in dem Fall in die Beine und Füße.

Jetzt kennt ihr einige Möglichkeiten, um souveräner in wichtigen Situationen zu wirken. Aber hat das alles tatsächlich eine positive Wirkung auf den Ausgang dieser Situationen?

In vielen Untersuchungen konnte der führende Körpersprache-Experte Joe Navarro zeigen, dass der richtige Einsatz **der Hände, der Körperhaltung, des Blicks, des Lächelns und des Frontings** den Ausgang von Vorstellungsgesprächen, Verhandlungen, Präsentationen sowie Dates tatsächlich sehr positiv beeinflusst.

Zusammenfassung und Highlights Kapitel 1

Im ersten Teil dieses Buchs habe ich euch gezeigt, wie enorm wichtig der erste Eindruck ist. Wir beurteilen Menschen innerhalb weniger Sekunden, und dieser erste Eindruck ist „**PAIN**": **Permanent, akkurat, immediate (unmittelbar) und nonverbal.** Daraufhin habe ich euch Übungen gezeigt, mit denen man den ersten Eindruck beeinflussen kann, bevor er stattfindet. Dabei definierten wir zuerst **die Person, die wir begeistern möchten,** und danach, **wie wir wirken möchten.** Dafür haben wir die drei Begriffe gesucht, mit denen wir nach einem erfolgreichen Treffen beschrieben werden möchten.

Im Anschluss haben wir **Profilfotos optimiert.** Dabei habt ihr erfahren, welche Art zu lächeln die Kompetenz- und Sympathie-Werte erhöht. Zusätzlich habe ich euch Photofeeler zur Bewertung eurer Profilfotos vorgestellt.

Im nächsten Kapitel ging es um die Gestaltung eines perfekten Auftritts. Es ging dabei vor allem um den eigentlichen ersten Eindruck. Dabei haben wir uns die wichtigsten Elemente eines perfekten Auftritts angeschaut: Hände, Augen, Körperhaltung und Fußhaltung.

Die dabei relevantesten Punkte sind:

- **Hände immer offen zeigen.**
- Den **Händedruck richtig einsetzen.**
- **Blickdauer** anpassen- wie lange soll ich meinen Gesprächspartner anschauen?
- Die **Blick-Richtung** (Power-Blick usw.) beachten.
- **Körperhaltung** als Mittel zum Beeinflussen der eigenen Emotionen und der Stress- sowie Souveränitäts-Hormone verstehen.
- Die **Power Pose und Fronting** strategisch einsetzen.
- **Fußrichtung** beachten.

Damit die Teilnehmer das Gelernte besser behalten, frage ich generell nach jedem Workshop nach den wichtigsten Erkenntnissen. Die Vielseitigkeit der Antworten zeigt mir immer, wie unterschiedlich die Menschen sind.

Übung 20

Überlegt daher, bevor ihr weiterlest, welche zwei, drei Punkte für euch überraschend waren, was ihr als Highlights mitnehmt oder sogar ausprobieren wollt. Vergleicht danach eure Highlights mit den von anderen Teilnehmern genannten Highlights. Das ist immer sehr spannend.

Shamsi: Ich habe meine Körperhaltung bewusst wahrgenommen, nach deiner Empfehlung habe ich sie verändert, damit hat sich mein Gefühl auch verändert.

Ulrich: Ich bin einmal mehr fasziniert davon, wie wir in unserem Verhalten analysiert werden können. Hoffentlich ist das in der Realität nicht immer so eindeutig wie in den Studien – sonst sind wir alle irgendwann sehr angepasst und optimiert.

Caren: Ich fand die Wichtigkeit der Hände sehr interessant, und es hat mich sehr überrascht, dass ein Lächeln mit Zähnen so viel besser ankommt. Das Thema Körpersprache ist total spannend.

Andrea: Für mich waren die drei Arten des Blicks neu, da werde ich in Zukunft mal verstärkt darauf achten.

Martin: Mein Test, bei Leuten im Gespräch den „Power Blick" anzuwenden, hat zu interessanten Ergebnissen geführt. Da wird aus dem verständnisvollen „Kümmerer" ganz schnell ein „Machichgleichchef".

Anja: Es war mir nicht bewusst, dass der erste Blick auf die Hände fällt.

Um euch die Macht der Hände, der Blickrichtung und der Körperhaltung an echten Beispielen zu demonstrieren, hier zusätzlich ein Live-Bericht aus meinem Online-Seminar:

Angelika: Ich bin Personalerin und würde mir wünschen, dass die ganze Welt die Tipps und Infos von Adam hören könnte. Ich bin aus dem operativen Recruiting schon raus, hatte aber die letzten beiden Tage mal wieder das „Vergnügen". Es wird viel über z.T. willkürliche Personalauswahl gesprochen, geschrieben und gepostet ... Ich überlege immer mal wieder, ob ich (unter einem Pseudonym) mal die Erfahrungen von meiner Seite aus publizieren sollte.

Zum Thema Hände: All das, was Adam geschrieben hat, kann ich bestätigen, und es ist aus meiner Sicht sowohl leicht zu beobachten als auch leicht zu beeinflussen.

Ich könnte hier ewig schreiben ... Ich beschränke mich auf meine zwei Highlights.

Eine Bewerberin saß bestimmt die erste Viertelstunde auf ihren Händen. Ja genau. Handflächen nach unten und komplett unter dem Hintern. Ich glaube, sie war sehr, sehr angespannt und brauchte diese Position zur Beruhigung. Mit meiner Körpersprache und mit dem Verlauf des Gespräches konnten wir sie beruhigen. Sie taute förmlich auf. Im

Verlauf des Gespräches sind wir wohl zu einem sehr unangenehmen Thema gekommen ... ihre Hände verschwanden sofort wieder. Ich habe mir sogar erlaubt, die Geste zu thematisieren und fragte nach. Sie wollte es natürlich so nicht unbedingt erzählen, aber es war für den positiven Verlauf des Gespräches richtig gut. Sie wird zur Hospitation eingeladen!

Ein anderer Bewerber hatte fast die ganze Zeit geballte Fäuste. Ich habe es gesehen und leider sofort mit innerlicher Abwehr reagiert. Ich habe die Fäuste geballt und wie beim Boxtraining vor mich gehalten. Der Bewerber war im weiteren Verlauf noch total distanzlos, fast schon übergriffig. Er bekommt eine Absage.

Ich möchte auch betonen, dass das Foto unbedingt aktuell sein sollte. Mein Kollege hat die Bewerberin begrüßt, ins Wartezimmer gesetzt und kam irritiert wieder und meinte, dass sie ganz anders aussehen würde. Ich war dann auch irritiert und das war am Anfang schade ... der Einstieg ist so wichtig.

II. Menschen lesen

Emotionen im Raum lesen

Unsere Körpersprache verrät viel über das, was emotional in uns vorgeht. Das gilt für jeden Einzelnen von uns und in jeder beliebigen Umgebung. Man kann auch nicht beschließen, aufzuhören körpersprachliche Signale auszusenden. Rein nach Paul Watzlawick – „man kann nicht nicht kommunizieren".

Auf den folgenden Seiten erfahrt ihr, wie ihr Emotionen im Raum lest. Ihr lernt, wie ihr die um euch herum herrschende Grundstimmung bewusst analysieren könnt.

Ich zeige euch, was Menschen mit ihrer Handhaltung ausdrücken, wie eindeutig das Gesicht – vor allem die Augenpartie – die Emotionen darstellt, und auch, wie man auf diese Informationen reagieren kann. Könnt ihr diese Signale lesen, werdet ihr die Menschen um euch herum viel besser verstehen. Ihr werdet verstehen, was sie denken und fühlen, ohne dass sie ein Wort sagen. Das wirkt manchmal wie Magie!

Baseline – die neutrale Körpersprache

Bevor ich euch die verschiedenen Handhaltungen erkläre, muss ich zuerst das Thema Baseline – also den körpersprachlichen Ausgangswert – erklären.

Die Baseline ist unsere neutrale Körpersprache, also unser neutrales Verhalten. Erst wenn man die Baseline des Menschen, also das Verhalten bei neutralen Themen, versteht, kann man Abweichungen von dieser Baseline interpretieren.

Das unbewusste Deuten des neutralen Verhaltens spielt in jeder sozialen Situation eine wichtige Rolle. Die Idee der Baseline wird aber auch bewusst verwendet, zum Beispiel bei jedem Verhör. Habt ihr euch schon mal gefragt, warum in Filmen am Anfang von jedem Verhör so viele alberne Fragen gestellt werden? Die Analyse der Baseline ist der Grund – man will die neutrale Körpersprache des Verdächtigen sehen.

Warum ist das Thema für uns alle wichtig? Alle Körpersprache-Elemente, die ich euch auf den folgenden Seiten zeige, können etwas bedeuten, müssen es aber nicht. Die berühmten verschränkten Arme bedeuten – heißt es –, dass euer Gegenüber verschlossen oder distanziert ist. Das stimmt aber nur, wenn er oder sie nicht ständig, also auch in neutralen Situationen, diese Körperhaltung einnimmt. Die verschränkten Arme können unter Umständen bedeuten, dass die Person einfach friert, diese Körperhaltung bequem findet oder generell skeptisch ist.

Tritt diese Körperhaltung aber plötzlich bei einer eurer Bemerkungen auf und die Person verschränkt zusätzlich dazu ihre Beine oder wendet die Füße von euch weg, heißt es ziemlich sicher etwas.

Lügen, Lügen überall

Da das Prinzip der Baseline oft beim Entlarven von Lügen verwendet wird, hier noch ein kurzer Exkurs in die Welt der Lügen. Wir lügen tatsächlich im Schnitt etwa zwei- bis dreimal in einem 10-minütigen Gespräch – meist sind es völlig harmlose Unter- oder Übertreibungen.

Übung 21

Aber überlegt jetzt mal kurz, wie gut wir im Erkennen der Lügen sind.

Wie oft können wir eine Lüge erkennen?

1. 54%
2. 67%
3. 81%
4. 90%

Antwort 1 ist richtig. Wir sind ohne Training nicht wirklich gut in der Lage, Lügen zu erkennen. Da könnte man auch würfeln. Fangt ihr aber an, die Normal-Körpersprache – die Baseline – zu analysieren, werdet ihr merken, dass sich eure Fähigkeit, Lügen zu erkennen, deutlich verbessert.

Und hier noch eine Frage an euch.

Übung 22

Wo lügen Menschen am meisten? Was ist die Reihenfolge von viel nach wenig?

Hier die Auflösung: Menschen lügen am meisten

1. am **Telefon**,

2. in **Gesprächen**,

3. in **Emails** und

4. am wenigsten in **Chats.**

Habt ihr auch so getippt? Lügner schreiben tatsächlich ungern ihre Lügen auf, somit wäre klar, warum man beim Sprechen mehr lügt. Aber warum diese Reihenfolge? Warum genau Telefon, Gespräch, Email und Chat?

Die Lösung ist einfach. Beim **Telefonieren** sieht man dem Gegenüber nicht direkt in die Augen, und es wird nichts aufgeschrieben. Bei einem Gespräch schaut man sich in die Augen. **Je persönlicher also die Kommunikation, umso weniger Lügen gibt es.** Aber die Angst, die eigenen Lügen aufgeschrieben zu sehen, überwiegt dann doch deutlich. Dabei sind Chats persönlicher und direkter als E-Mails.

Wie kann man das nutzen?

Um die Anzahl der Lügen zu reduzieren, sollte man bei einem wichtigen Telefonat sagen, dass man mitschreibt. Das wirkt Wunder. Sagt einfach mitten im Gespräch, dass ihr nach dem Telefonat eine Zusammenfassung verschickt. Oder ihr sagt an der kritischen Stelle „Interessant, ich mache gerade ein paar Notizen, um den genauen Wortlaut zu haben!" Man kann auch den kritischen Satz wiederholen und fragen „Habe ich das richtig verstanden? Möchte es mir gerne notieren." Ich nutze dieses Prinzip oft bei Telefonaten zu wichtigen Themen.

Die Handhaltung lesen

Ihr wisst bereits, dass die Hände in jedem Gespräch dauerhaft unbewusst analysiert werden. Das Gehirn möchte daher die Hände vom Gesprächspartner permanent sehen. Also ist es am besten, in jeder sozialen Situation die bereits beschriebene offene Handhaltung zu verwenden. Die offene Handhaltung wirkt immer sehr positiv und sollte möglichst oft eingesetzt werden.

Das gilt für alle sozialen Situationen: Vorstellungsgespräche, Präsentationen, Vorträge oder auch private Dates. Offene Handhaltung zeigt „ich vertraue dir, du kannst mir vertrauen".

Handflächen nach oben

Oft haben selbst kleine Veränderung eine große Wirkung. So wird allein die offene Handhaltung mit den Handflächen nach oben zeigend eine positive Wirkung auf die wahrgenommene Qualität eines Vortrags haben.

Hier also ein Tipp für eure nächste Präsentation. Stellt ihr eine Frage, so streckt einfach euren Arm mit der Handfläche nach oben für 3~5 Sekunden in Richtung der Zuhörer aus und schweigt. Diese Geste wird einem in Präsentationskursen als eine der mächtigsten

Komponenten für einen wirklich überzeugenden Vortrag beigebracht. Übt es vorher. Ich weiß, es wird sich für euch die ersten Male völlig falsch und viel zu lang anfühlen, es wirkt aber.

Handflächen nach unten

Das Ausstrecken der Hand mit der Handinnenfläche nach unten bedeutet dagegen üblicherweise Autorität oder Überlegenheit. Diese Geste ist so mächtig, dass sie Gespräche direkt stoppen kann.

Ich benutze sie sehr selten. Meistens nur, wenn Workshop-Teilnehmer sich nicht beruhigen lassen. Verwendet man diese Geste – auf die Störer zeigend, während man weiter zum Publikum spricht – herrscht sofort Ruhe.

Mit dem Zeigefinger deuten

Oft falsch eingesetzt wird auch der ausgestreckte Zeigefinger, um einzelnen Personen Fragen zu stellen. Diese Geste ist sehr aggressiv, fast tyrannisch.

Ich erwische mich immer wieder dabei, dass ich Personen aus dem Publikum mit einem ausgestreckten Finger einbinden will. Ertappt ihr euch bei dieser Handhaltung, stellt euch einfach vor, dass es die Geste ist, die Eltern benutzen, wenn sie Kinder wegschicken ("Geh in dein Zimmer!").

Der Präzisionsgriff

Viele Politiker haben Mühe, sich diese eben vorgestellte, aufs Publikum zeigende Geste abzugewöhnen. Statt der aggressiven Geste mit einem ausgestreckten Finger wird ihnen beigebracht, die Spitze vom Zeigefinger an die Spitze vom Daumen zu legen, was diese Geste sanfter macht. Man sieht diese Geste sehr oft. Sie ist deutlich weniger aggressiv als das „Ihr müsst mir glauben, ich bin der Einzige, der die richtigen Lösungsansätze hat" mit einem ausgestreckten – sehr aggressiven – Zeigefinger Richtung Publikum.

Die Geste mit den zusammengelegten Fingerspitzen zeigt Autorität, ohne aggressiv zu wirken. Sie wird als **Präzisionsgriff** bezeichnet und bedeutet meist, dass man gerade etwas mit großer Genauigkeit erklärt.

Hier ein paar Berichte der Webinar-Teilnehmer zu den gerade gelernten Gesten.

Markus: *Gestern im Notdienst. Es war ungewohnt, die Handflächen wie beschrieben so lange offen zu halten. Welchen Effekt das nun auf die Eltern hatte, ist schwer festzustellen. Zumindest gab es keine nervigen Diskussionen. Ob das aber an mir selbst und nicht an der Außenwirkung lag, weiß ich nicht. Ich werde das „beobachten".*

Petra: *Ich hatte die Möglichkeit, diese Woche bei einem sehr unangenehmen geschäftlichen Termin einige deiner Tipps auszuprobieren. Zum einen habe ich auf die Hinweise zum Thema Fronting geachtet. Also auf das Rechteck der Schultern mit meinem Gesprächspartner und die entsprechenden Füße. Außerdem hatte ich die Hände immer sichtbar. Spannend war auch zu beobachten, wo mein Gesprächspartner in mein Gesicht hinschaut. Durch die Tipps zum Fronting wurde die zunächst sehr angespannte Atmosphäre sehr viel angenehmer und entspannter. Zum einen fühlt sich der andere wahrgenommen und respektiert. Was für mich eine sehr wertvolle Erfahrung war, ist, dass ich mich selbst durch dieses Zuwenden und durch die sichtbaren Hände viel präsenter gefühlt habe. Das hat mir mehr Sicherheit gegeben. Das Gespräch verlief viel besser als erwartet.*

Gestik

Im folgenden Kapitel zeige ich euch, wie man Emotionen im Publikum deuten kann. Im Anschluss daran erkläre ich, wie man auf diese erkannten Emotionen reagieren kann.

Noch mal als Erinnerung: Vergesst beim Beobachten der Menschen nicht die Baseline, also die neutrale Körpersprache. Es kann tatsächlich sein, dass einzelne von euch erkannte Gesten oder Gesichtsausdrücke von eurem Gegenüber gerne benutzt werden, ohne dass sie etwas bedeuten. Einfach weil sie Teil der neutralen Körpersprache sind. Es gilt also zuerst, die neutrale Körpersprache zu analysieren. Erst danach kann man anfangen, Veränderungen wahrzunehmen. Und es ist unglaublich spannend, diese Gesten und Gesichtsausdrücke zu erkennen.

Übung 23

Ich werde euch jetzt ein paar Bilder zeigen. Nehmt ein Blatt Papier und einen Stift und schreibt spontan auf, ohne lange zu überlegen, was euch bei den Bildern einfällt. Was zeige ich da? Es ist egal, ob ihr nur eins deuten könnt oder alle drei. Schreibt einfach auf, was ihr glaubt zu sehen.

1.

2.

3.

Hier ein paar Antworten aus meinem Webinar als Vergleich.

Markus: *1. Überlegen 2. Erschrecken 3. Gespannt*

Petra: *1. Nachdenken 2. Erschrecken 3. Zweifeln*

Ulrich: *1. Nachdenken 2. Entsetzt 3. Konzentriert*

Das sind teilweise doch sehr unterschiedliche Antworten. Bevor ich die Aufgabe auflöse, erkläre ich euch zunächst eine Methode, die euch hilft, die Körpersprache der Menschen viel besser zu deuten – **das Spiegeln**.

Spiegeln – Ich weiß, was du fühlst

Oft sind uns andere Personen sympathisch, ohne dass wir wissen warum. Wir fühlen uns wohl in ihrer Nähe. In solchen Fällen liegt es oft daran, dass diese Person die gleiche Körpersprache verwendet wie wir selbst – sie spiegelt uns. Menschen, die einer Meinung sind oder sich anziehend finden, kopieren gegenseitig die Körperhaltung, die Gestik und ihr komplettes Verhalten. Und das führt dazu, dass man sich in der Nähe dieser Personen wohl fühlt. Das nennt man **Spiegeln**.

Sicherlich habt ihr das Spiegeln auch schon bewusst beobachtet, zum Beispiel bei verliebten Paaren im Restaurant. Sie sitzen oft in der exakt gleichen Körperhaltung voreinander, sie greifen direkt nacheinander zum Getränk oder sie fahren sich fast gleichzeitig mit der Hand durch die Haare.

Wir alle spiegeln uns gegenseitig – ja, wirklich alle –, sobald wir uns mit Menschen unterhalten, die wir mögen. Das Spiegeln ist ein Zeichen für Harmonie. Es ist das Element, mit dem wir uns gegenseitig zeigen, dass wir uns wohl fühlen und uns gut verstehen.

Beobachtet andere Menschen während einer angenehmen Unterhaltung. Ihr werdet ein kontinuierliches, unbewusstes Kopieren der Körpersprache feststellen. Beide Personen spiegeln die Körpersprache des Anderen.

Das Prinzip des Spiegelns kann aber auch bewusst eingesetzt werden, um beispielsweise Spannungen in schwierigen Situationen zu entschärfen. Folgt man der Körpersprache des Anderen, führt es automatisch zum Entspannen der Situation. Kopiert man also die Körpersprache eines aggressiven Gesprächspartners, indem man zum Beispiel die Arme verschränkt, sobald das Gegenüber sie verschränkt. Oder wenn man die Beine nacheinander übereinanderschlägt, führt es automatisch zu einer entspannteren Situation.

Nachdem man also der anderen Person kurz körpersprachlich folgt (Pacing), kann mit dem aktiven Vormachen einer positiven Körpersprache begonnen werden, um zu sehen, ob der Gesprächspartner folgt und sich dadurch entspannt (Leading).

Das Thema Spiegeln wird häufig in Verhandlungskursen behandelt. Pacing und Leading erlernt man dort als sehr effektive Methode. Es gilt dabei, in schwierigen Verhandlungen der Körpersprache des Verhandlungspartners eine Zeitlang zu folgen und dann mit einer positiven Körpersprache die Führung zu übernehmen.

Allerdings würde ich euch das bewusste Spiegeln zum Beeinflussen von Situationen nicht empfehlen: Wenn der Andere erkennt, was ihr tut, kann das das Gegenteil des Gewünschten herbeiführen. Ich empfehle, sich selbst in Gesprächen zu beobachten, um sich besser kennenzulernen. Ich empfehle auch, Menschen am Nebentisch im Restaurant zu beobachten, um zu sehen, wann sie sich gegenseitig spiegeln und wann nicht.

Doch warum benutzt der Mensch das Spiegeln? Ihr erinnert euch sicherlich an die Definition der Körpersprache. Körpersprache ist die äußere Darstellung unserer inneren Emotionen. Überraschenderweise ist aber auch das Gegenteil richtig. Wir empfinden das, was wir als Körpersprache zeigen. Das heißt, wir spiegeln im Endeffekt nicht, um Vertrauen zu erzeugen, sondern um zu verstehen, was unser Gegenüber meint.

Wir können durch das Spiegeln Emotionen wie ein Schwamm aufsaugen und sie dadurch blitzschnell deuten.

Was heißt das für das Lesen der Handhaltungen oder von Gesichtsausdrücken? Seid ihr unsicher, was die Körpersprache vom Gesprächspartner bedeutet, kopiert sie einfach, spiegelt sie. Euer Körper wird euch dann direkt sagen, was er sagt. Ich höre in meinen Körpersprache-Kursen an dieser Stelle meist deutliche „Aha"-Reaktionen.

Übung 24

Versucht, die drei Bilder noch einmal zu deuten. Benutzt dabei das Spiegeln. Kopiert die von mir gezeigten Handhaltungen. Was zeigen die drei Bilder jetzt?

1.

2.

3.

Marianne: *1. Nachdenken 2. Erschrocken 3. Gelangweilt*

Leon: *1. Nachdenklich 2. Erschrocken 3. Gelangweilt*

Schaut euch mal die drei Ergebnisse nach dem Spiegeln im Vergleich zu den drei Ergebnissen vor dem Spiegeln an. Die Antworten sind jetzt tatsächlich deutlich genauer.

Bedeutung der Handhaltung

Doch was bedeuten die Handhaltungen im Einzelnen?

1. Entscheidungsfindung

Diese Geste deutet auf Nachdenklichkeit bei einer Entscheidungsfindung hin. Das Wichtigste bei dieser Geste ist die eigene Unsicherheit: „Soll ich oder soll ich nicht?"

Sehe ich diese Geste in einem Verkaufsgespräch, weiß ich, dass der Käufer eigentlich zu 99 % überzeugt ist. Da fehlt nur noch ein kleines Zusatzangebot, und der Verkauf ist geglückt.

2. Lüge oder etwas Unangenehmes

Diese Geste kennt ihr sicherlich von Kindern. Kinder bedecken auffällig den Mund nachdem sie gelogen haben. Erwachsene machen es nicht mehr so deutlich, aber diese Geste – wenn sie spontan als Reaktion auf etwas Gesagtes passiert – deutet oft auf etwas Unangenehmes hin. Es kann die eigene Lüge sein oder eine Reaktion auf das Gesagte bei Fremden. Es ist also entweder: „Oje, was habe ich da gesagt, wie komme ich da raus?" Oder: „Ooops, was sagt sie da! Das stimmt doch nicht!"

Versucht die Geste noch mal selbst mit den von mir vorgestellten Sätzen. Meistens holt man noch Luft dabei. Kommt euch das bekannt vor?

3. Langeweile

Wie die Webinarteilnehmer nach dem Spiegeln richtig erkannt haben, ist das Abstützen des Kopfes auf der Hand bei einer Präsentation kein gutes Zeichen. Ich finde es spannend, dass die Geste bei den Antworten vor dem Spiegeln positiv wirkte. Es ist ein Zeichen für Abwesenheit, kann aber auch Erschöpfung sein oder bedeuten, dass man in Gedanken woanders ist. Meist ist es aber ein klares Zeichen für Langeweile. Die Menschen versuchen oft noch interessiert zu gucken, doch der abgestützte Kopf zeigt klar etwas anderes: Du hast mich verloren.

Sehe ich in Workshops eine Person mit dieser Handhaltung, reagiere ich nicht. Jeder hat Phasen, in denen man abschaltet. Sehe ich aber mehrere abgestützte Köpfe, weiß ich, dass ich entweder schneller werden muss, dass mein Vortrag gerade langweilt oder dass eine Pause benötigt wird.

Übung 25

Jetzt kommen weitere drei Bilder, versucht sie zuerst ohne, und dann mit Spiegeln zu deuten, gibt es Unterschiede?

4.

5.

6.

Und hier kommt die Auflösung.

4. Interesse

Mit dieser Handhaltung zeigt man Interesse. Es ist eine sehr positive Geste, davon kann man nicht genug sehen bei Vorträgen. Solange eure Zuschauer nur die Hand an der Wange halten und nicht den Kopf auf der Hand abstützen, ist es ein positives Zeichen. Man kann es sich so merken, dass der Zeigefinger nach oben zeigend eine Antenne ist, die auf Empfang gestellt ist.

5. Nasenberührung

Diese Geste deutet oft darauf hin, dass man gerade lügt. Sie wird aber auch benutzt, wenn man glaubt, dass etwas Negatives passiert ist. Wie auch bei der letzten negativen Handhaltung (Nummer 2) will auch hier die Hand den Mund abdecken. Die Hand-vor-dem-Mund-Geste scheint Erwachsenen zu offensichtlich zu sein, und sie berühren stattdessen kurz die Nase, was indirekt auch den Mund abdeckt. Die Ertappten behaupten dabei immer, man mache diese Geste, weil die Nase tatsächlich juckt. Beobachtet man die Körpersprache bei Gesprächen zu angenehmen Themen, wird man merken, dass Menschen sich dabei so gut wie nie an der Nase berühren. Beobachtet man die Körpersprache bei einem unangenehmen Thema, ist die Anzahl der Griffe zur Nase immer deutlich höher.

6. Große Zuversicht

Diese Handhaltung wird als Raute bezeichnet. Sie bedeutet, dass die Person sehr überzeugt von der eigenen Kompetenz zu dem aktuell besprochenen Thema ist. Die Raute ist ein starker Ausdruck von Selbstbewusstsein und Souveränität. Die Geste zeigt, welche Einstellung man hinsichtlich eines bestimmten Themas hat und wie sehr man hinter dem eigenen Standpunkt steht.

Man sieht die Raute oft bei der deutschen Bundeskanzlerin Angela Merkel, doch bei ihr wirkt sie oft künstlich und angeeignet. Jeder setzt die Raute ein, sobald man über das eigene Lieblingsthema redet. Das glaubt kaum jemand. Lasse ich aber in meinen Kursen vor dieser Erklärung Menschen von ihren Lieblingsthemen berichten, bringen sie sofort ihre Hände zur Raute zusammen. Diese Geste kann man auch bewusst einsetzen, um aggressive, dominante

Gesten von Gesprächspartnern zu neutralisieren. Ich setze sie nur bewusst ein, um in von Aggressivität geprägten Situationen zu zeigen, dass ich trotzdem souverän bleibe.

Übung 26

Jetzt kommen die letzten drei Handhaltungen. Versucht zuerst, sie spontan zu deuten, und spiegelt sie danach. Auch bei diesen drei Gesten sollte euch die Deutung nach dem Spiegeln leichter fallen.

7.

8.

9.

Hier kommen wieder für euch die Antworten der Webinar-Teilnehmer als Vergleich:

Petra: *Die drei Bilder sind echt schwer.*
7. könnte Überheblichkeit ausdrücken,
8. wirkt eher panisch; „ich weiß nicht weiter",
9. wirkt besorgt.

Caren: *7. Macht 8, Unsicherheit 9, „Ich weiß es besser".*

Jürgen: *Im Selbstversuch spüre ich so:*
7. Ich nehme meine Hände hinter den Kopf = ich muss mich nicht verteidigen, zeige die offene Brust und den offenen Hals; Überlegenheit.
8. Irgendwas passt mir hier nicht ganz.
9. Erzähl du nur, ich weiß es besser; meine Finger formen schon die Pistole, mit der ich dich gleich verbal erschieße.

Und hier die Auflösung.

7. Machtdemonstration

Das Halten der Arme hinter dem Kopf ist eine sehr dominante Körperhaltung. Sie zeigt eine grenzenlose Souveränität. Wer diese Haltung einnimmt, fühlt sich den Umstehenden meist überlegen. Man sieht diese Geste oft bei Vorgesetzten und meistens nur bei Männern.

Ihr kennt ja bereits den Grund, warum diese Geste so dominant wirkt. Man nimmt dabei viel Raum ein und das führt zur Steigerung der Testosteron-Produktion – des Souveränitätshormons.

8. Unsicherheit

Die sogenannte **Selbstberührung** (Self-Touch) sieht man oft, sobald Menschen sich in sozialen Situationen **unwohl fühlen** oder wenn sie sich in die Enge getrieben fühlen. Streicht die komplette Handinnenfläche länger den Nacken, kann es auch **Zweifel** bedeuten. Ich könnt es wieder nachmachen, um den Unterschied zu spüren.

Im Business-Umfeld ist das kurze Berühren des Nackens ein klares Signal für Stress. Im Dating-Umfeld dagegen können die oberen beiden Gesten interessanterweise genau andersherum wirken.

Die aggressive Machtdemonstration auf dem folgenden Bild kann beim Daten heißen: „Ich möchte dir imponieren!"

Benutzt eine Person beim Flirten die Nackenberüh-
rung, was eigentlich auf Schwäche hindeutet, heißt es
eher: „Ich vertraue dir."

9. Pistole

PISTOLE

Die Pistole genannte Geste ist ein Zeichen dafür, dass man eine Person, eine Idee oder einen Vorschlag mehr als schlecht findet. Oft hört man Personen, die die Pistolen-Handhaltung zeigen, trotzdem mit ruhiger Stimme sprechen. In diesem Fall verrät jedoch die Körpersprache klar die Wahrheit: Man versucht die Stimme im Griff zu behalten, doch unbewusst zeigt man, dass man das Gesagte nicht akzeptiert.

Wie reagiere Ich?

Jetzt kennt ihr einige der wichtigsten Gesten unserer Hände. Ihr solltet in der Lage sein, sie in verschiedenen Situationen zu erkennen. Aber wie reagiert man dann auf die erkannten Gesten? Was ist vor allem die richtige Reaktion, wenn man im Publikum negative Emotionen wahrnimmt?

Erkennt man im Publikum die Geste für Langeweile oder für Aufmerksamkeit, ist es offensichtlich, wie man reagieren sollte. Bei deutlich negativeren Emotionen ist es am besten, aktiv darauf einzugehen. Sieht man zum Beispiel passive Ablehnung – Zuhörer sind nach hinten gelehnt mit verschlossenen Armen – würde ich eine Pause einlegen und die Person ansprechen mit: „Ich sehe, Sie sind skeptisch, wenn ich mir Ihre Körpersprache anschaue. Erzählen Sie!" Das Benennen der erkannten Emotionen wirkt entwaffnend, wirkt wie Magie auf Menschen. Niemand erwartet, dass die eigenen Emotionen so klar sichtbar sind.

In realen Situationen benutze ich diese Methode, um herauszufinden, was Menschen tatsächlich empfinden. Oft bin ich nicht sicher und benenne die Emotion, die ich vermute. Das Nachfragen wird sehr positiv aufgenommen. Öfters höre ich da: „Woher weißt du, was ich fühle?"

Zusammenfassend zeigen unsere Hände mehr als wir vermuten. Auf den vorangehenden Seiten habe ich euch gezeigt, wie deutlich sichtbar sie unsere Emotionen machen können.

Es gibt aber etwas, was die Emotionen noch klarer transportiert. Es ist unser Gesicht, unsere Mimik.

Gesichter lesen

Unser Gesicht macht uns zu einem offenen Buch. Wir zeigen unsere Emotionen ununterbrochen mit den Gesichtsausdrücken – sogar, wenn wir sie mit aller Macht unterdrücken wollen.

Auf den nächsten Seiten zeige ich euch, wie man diese Emotionen erkennen und deuten kann. Das Lesen dieser Emotionen eröffnet eine neue Kommunikationsebene.

Grundemotionen

Für mich ist das Gesicht das spannendste Thema im Bereich der Körpersprache. Die erkannten Gesichtsausdrücke spiegeln Emotionen eindeutig wider und können kaum unterdrückt werden.

Doch welche Emotionen können im Gesicht dargestellt werden? Wir können tatsächlich **alle sieben universellen Grundemotionen** im Gesicht zeigen. Was aber sind universelle Grundemotionen? Universell heißt, dass diese Emotionen weltweit – auch von weit abgelegen lebenden Naturvölkern – gedeutet werden können.

Somit sind diese sieben universellen Emotionen – die Grundemotionen – angeboren. Aus diesen Grundemotionen setzen sich alle übrigen Gefühle zusammen. Als Entdecker der Lehre um die Grundemotionen gilt der US-Amerikaner Paul Ekman. Ekman identifizierte die sieben Emotionen, bei denen eine kulturübergreifende, statistische Übereinstimmung existiert.

Übung 27
Kennt ihr diese sieben Grundemotionen? Versucht, diese Emotionen aufzuschreiben. Kommt ihr auf sieben?

Die meisten Workshop-Teilnehmer kommen auf die folgenden vier Grundemotionen:

Angst, Wut, Freude und Trauer. Seltener genannt werden **Überraschung und Ekel**. Die am seltensten genannte Emotion ist aber mit Abstand **Verachtung**.

Hier eine weitere Aufgabe für euch.

Übung 28
Versucht, meine Fotos den sieben Grundemotionen zuzuordnen.

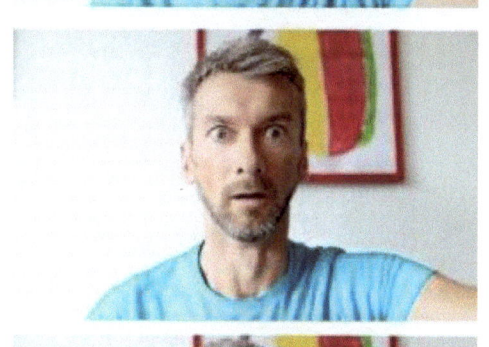

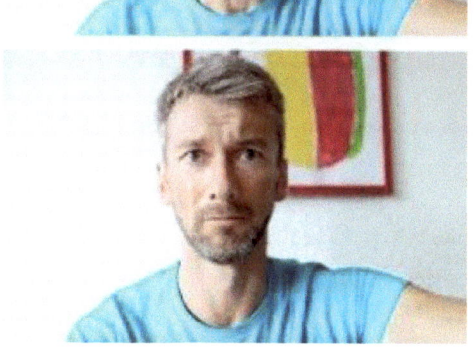

Ich gehe davon aus, dass ihr eine von diesen beiden Lösungen habt:

Freude, Ekel, Angst, Trauer, Wut, Verachtung, Überraschung oder

Freude, Ekel, Überraschung, Trauer, Wut, Verachtung, Angst

Die richtige Reihenfolge findet ihr in der ersten Liste, also:

Freude, Ekel, Angst, Trauer, Wut, Verachtung, Überraschung.

Angst und Überraschung sind tatsächlich schwer auseinanderzuhalten. Es gibt aber auch hier klare Unterschiede. Auf den nächsten Seiten zeige ich euch, woran man all diese Emotionen genau erkennt. Für jede der sieben Grundemotionen gibt es eindeutige Hinweise.

Aber auch bei der Mimik – also bei den Gesichtsausdrücken – gilt das Gleiche wie bei den Gesten unserer Hände: Versteht ihr sie nicht, versucht sie einfach zu spiegeln. Ihr könnt dann viel leichter nachempfinden, was euer Gegenüber fühlt.

Spiegelt also meine Gesichtsausdrücke, während ich die einzelnen Emotionen vorstelle. Versucht dabei einfach, den Gesichtsausdruck mit allen Komponenten zu nachzumachen. Um diese Emotionen wirklich zu verinnerlichen, empfehle ich, euch dabei zu fotografieren. So lernt ihr euch selbst viel besser kennen und könnt eure eigenen Gefühle deutlich besser erkennen.

1. Freude

Freude ist die Emotion, die jeder von uns kennt und erkennt. Aber woran erkennt man Freude? Was passiert bei Freude im Gesicht? Und was ist der Hauptindikator für Freude?

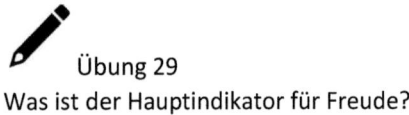

Übung 29
Was ist der Hauptindikator für Freude?

Bei Freude passiert Folgendes im Gesicht: Die Stirn bleibt entspannt, Lachfältchen entstehen an den Augen, die Wangen heben sich, die Mundwinkel gehen hoch und die Nasenflügel auseinander.

Interessant ist dabei, dass nicht das Lächeln der wichtigste Indikator für Freude ist. **Die Wange, die sich hebt,** ist es. Somit wisst ihr jetzt wie ein unechtes Lächeln vom echten zu unterscheiden ist.

Nur sehr wenige Menschen (angeblich weniger als 10 %) können die Wangen bewusst heben. Doch man kann es üben. Nehmt einen Stift zwischen die Zähne und versucht den Stift nicht mit den Lippen zu berühren. Voilà!

2. Ekel

Hier die Emotion Nummer 2: **Ekel**. Denkt an verdorbenes Essen, denkt an alte, stinkende Milch oder faule Eier und beobachtet, was mit eurem Gesicht passiert. Jetzt seid ihr sicherlich auch in der Lage zu beschreiben, was bei Ekel im Gesicht passiert.

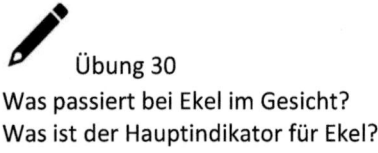

Übung 30
Was passiert bei Ekel im Gesicht?
Was ist der Hauptindikator für Ekel?

Bei Ekel werden die Oberlippe und die Nase hochgezogen, die Unterlippe wird nach vorne geschoben, und es gibt sichtbare Falten zwischen Nasenflügeln und Mund.

Am wichtigsten sind **die Falten unter der Nase**. Das ist der Hauptindikator, das eindeutige Zeichen für Ekel.

Interessanterweise wird der Ekel-Gesichtsausdruck auch bei Schmerz gezeigt. Das gilt auch für einen imaginären Schmerz – wodurch das Naserümpfen oft beim Verhandeln sichtbar wird, falls einem das Angebot nicht gefällt. Sagt ihr zum Beispiel „Ich verkaufe Ihnen das Auto für 1000 Euro" und ihr seht dieses sehr kurze Rümpfen der Nase, heißt das: „Autsch, das tut weh, das war deutlich zu viel." Man weiß Bescheid, bevor die Person ein Wort sagt.

***

Bevor ich die nächste Emotion erkläre, erst einmal eine Frage an euch.

Übung 31

Was meint ihr, warum hilft es uns zu wissen, was im Gesicht bei den jeweiligen Emotionen passiert?

Sobald man weiß, was im Gesicht bei den jeweiligen Emotionen passiert, ist man natürlich in der Lage zu erkennen, dass Menschen Gefühle wie Freude, Ekel oder Wut empfinden. Das ist klar.

Viel spannender sind andere Aspekte der Fähigkeit, die Mimik deuten zu können: Man selbst ist dann in der Lage, bei sich zu erkennen, was man gerade empfindet. Vielleicht sagt ihr jetzt: „Ich weiß doch genau, was ich empfinde, sind ja meine Emotionen." Das ist aber nicht so. Man weiß nämlich oft nicht, ob man sich gerade unwohl fühlt mit einer Person, weil man Verachtung empfindet oder vielleicht Wut. Und allein das Erkennen und Benennen der eigenen Emotion entschärft diese deutlich. Ihr glaubt nicht, wie oft meine eigenen Gefühle mich selbst überraschen.

Zweitens: man wird zu einem **besseren Kommunikator**. Wir warten in Gesprächen oft einfach auf die Möglichkeit zu antworten, obwohl unsere Gesprächspartner interessante Emotionen im Gesicht zeigen. Die Fähigkeit, diese für viele nicht sichtbaren Emotionen zu erkennen, macht aus einem Small-Talk-Gespräch direkt eine empathische Konversation.

Drittens: man wird zu einem **besseren Verkäufer**. Allein zu dem Thema Körpersprache im Verkauf gibt es professionelle Kurse, in denen gelehrt wird, wie man durch das Entschlüsseln der durch die Gesichtsausdrücke präzise dargestellten Emotionen unausgesprochene Einwände in Verkaufsgesprächen erkennen kann. Das Erkennen und Benennen dieser Emotionen überzeugt in einem Verkaufsgespräch ("Wie ich sehe, überrascht Sie dieser Punkt?") und führt zu etwa 20 % mehr Verkäufen.

Vielleicht fragt ihr euch, ob man die eigenen Gesichtsausdrücke nicht einfach unterdrücken kann, um nicht zu zeigen, was man fühlt. Die Gesichtsausdrücke, die ich hier beschreibe, können tatsächlich nicht unterdrückt werden, weil sie nur Sekundenbruchteile dauern und unmittelbar als Reaktion auf Gesagtes auftreten. Diese extrem kurzen, aber verräterischen Gesichtsausdrücke heißen deswegen auch **Mikroexpressionen.**

Diese Mikroexpressionen werden von uns allen in **jedem** Gespräch gezeigt. Kann man sie deuten, weiß man bereits bevor es ausgesprochen wird, was die Person empfindet.

Beobachtet in den kommenden Tagen einfach die Gesichter eurer Gesprächspartner und schaut, ob ihr die bereits erlernten Emotionen erkennt.

Vielleicht sagt ihr, dass sich bestimmt nicht alle eure Emotionen so verräterisch im Gesicht zeigen. Doch! Es passiert wirklich dauernd.

Vor einiger Zeit habe ich Workshops in Tel Aviv gegeben. An einem Tag gab ich auch ein Körpersprache-Training. Dabei habe ich etwas Neues gelernt.

Ich hatte davor einen Artikel gelesen, in dem es hieß, dass immer weniger junge Menschen Gesichtsausdrücke lesen können – angeblich wegen der intensiven Mediennutzung und zu wenig direktem Blickkontakt. Das wollte ich in Tel Aviv sofort testen. Und es war tatsächlich so, dass die jüngeren Teilnehmer deutlich weniger Emotionen erkennen konnten. Erst nach dem Erklären der Spiegeltechnik konnten sie einige Emotionen identifizieren.

Auch konnten die Jüngeren nicht glauben, dass sich jemals Gefühle in ihrem Gesicht zeigen. Ich habe dann eine schöne Übung mit einer Person gemacht. Ich habe drei potenziell spannende Sachen über mich erzählt und konnte einen Augenblick später direkt sagen, welche der drei Themen die Person am spannendsten fand. Die Überraschung war groß.

3. Wut

Weiter geht es also mit der dritten Grundemotion –
Wut oder Zorn. Doch woran erkennt man sie? Hier
also die nächste Aufgabe.

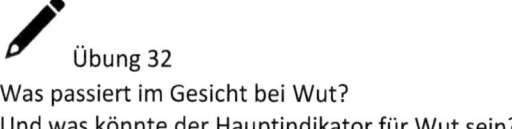

Übung 32
Was passiert im Gesicht bei Wut?
Und was könnte der Hauptindikator für Wut sein?

Wut zeigt sich vor allem im oberen Teil des Gesichts:
Die **Innenseite der Augenbrauen senkt sich**, es entstehen **tiefe vertikale Linien** zwischen den Augenbrauen, und die **Lippen werden zusammengepresst**.

Bei starker Wut werden zusätzlich noch die Zähne
aufeinandergepresst und dabei das Kinn nach vorn
geschoben, was noch aggressiver wirkt.

Das Hauptsignal für Wut sind die **vertikalen Linien zwischen den Augenbrauen**, sie machen diese Emotion leicht erkennbar. Oft werden Emotionen verwechselt. Wut wird häufig mit Trauer verwechselt. Doch die vertikalen Linien helfen, diese zwei Emotionen auseinanderzuhalten.

Ich finde Wut als Gesichtsausdruck spannend; sie hilft mir, mich selbst besser einzuschätzen. An meinen aufeinandergepressten Zähnen merke ich nämlich oft erst, was ich empfinde: ganz klar Wut.

Im Alltag versuchen Menschen meist, ihre Emotionen zu verstecken. Es wird zum Beispiel gelacht, obwohl man wütend ist. Doch die Gesichtsmuskulatur ist direkt mit dem Emotionszentrum im Gehirn – dem sogenannten limbischen System – verbunden, was dazu führt, dass Emotionen nie gänzlich unterdrückt werden können. In einem spontanen, kurzen Gesichtsausdruck zeigen sich unsere wahren Gefühle doch für einen kurzen Moment. Da die Mikroexpressionen spontan als Reflex auftreten, können wir sie nicht kontrollieren, und das Gesicht zeigt für einen Augenblick die Wahrheit.

Die Fähigkeit, die Mikroexpression für Wut zu erkennen, ist eines der mächtigsten Werkzeuge im Alltag. Bei Wut senken sich kurz die Innenseiten der Augenbrauen.

Sagt ihr also eurem Partner, dass ihr heute später nach Hause kommt und die Augenbrauen-Innenseiten der anderen Person bewegen sich kurz nach unten, ist eigentlich klar, was sie davon hält. Leider wird diese klare Botschaft meistens übersehen. Kennt man aber diese Mikroexpression der Wut, hat man die Möglichkeit, auf diese Botschaft zu reagieren.

4. Traurigkeit

Die vierte Grundemotion ist Traurigkeit. Traurigkeit ist die Emotion, die am schwersten zu fälschen ist. Ich musste lange üben, damit auf dem Foto oben die wichtigsten Signale wenigstens halbwegs erscheinen.

Übung 33
Was sind die Signale für Traurigkeit?
Was passiert im Gesicht bei Traurigkeit?

Bei Traurigkeit passiert Folgendes: Die Mundwinkel werden nach unten gezogen, die Augenbrauen-Innenseiten werden nach oben und die Stirn legt sich in Falten.

Damit ist auch klar, warum Wut und Traurigkeit verwechselt werden. Es sind die einzigen beiden Emotionen, bei denen sich die Augenbrauen nach unten bewegen. Wie kann man beide also unterscheiden? Bei Wut wird die Augenbrauen-Innenseite nach unten geschoben, und dabei entstehen senkrechte Linien zwischen den Augenbrauen. Bei Traurigkeit wird die Augenbrauen-Außenseite nach unten gezogen, und es entstehen waagerechte Linien auf der Stirn.

Schaut euch beide Bilder noch genau einmal an, dort sind die vertikalen und die horizontalen Linien im Gesicht klar zu erkennen.

 Übung 34

Es gibt außer Wut und Traurigkeit noch zwei Emotionen, die sehr oft verwechselt werden. Welche sind es?

Es sind Überraschung und Angst, die oft verwechselt werden. Und da ihr jetzt wisst, warum Traurigkeit und Wut verwechselt werden, könnt ihr euch sicher vorstellen, warum Überraschung und Angst verwechselt werden.

Wut und Traurigkeit sind schwer zu unterscheiden, weil sich bei beiden die Augenbrauen nach unten bewegen. Bei Angst und Überraschung bewegen sie sich dagegen nach oben.

Übung 35

Welches von diesen zwei Fotos zeigt Überraschung und welches Angst? Habt ihr eine Idee, woran man sofort erkennt, ob jemand überrascht oder verängstigt ist? Bei beiden bewegen sich ja die Augenbrauen nach oben und die Augen werden weit aufgerissen:

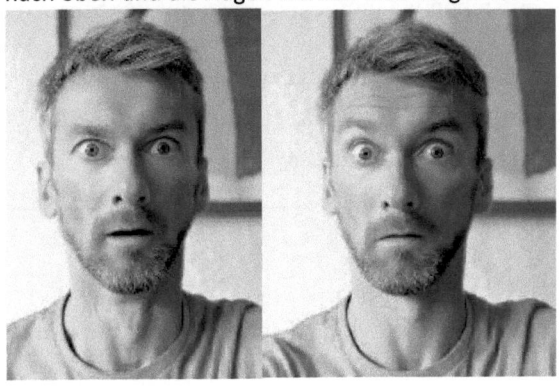

Überraschung ist leicht zu erkennen, bei Überraschung sind die Augenbrauen rund, bei Angst gerade. Erkennt ihr es?

Das erste Bild zeigt Angst, das zweite Überraschung.

5. Angst

Dieses Bild zeigt Angst. Es gibt ein paar interessante Fakten über diese Emotion. Das, was im Gesicht bei Angst passiert, ist aus evolutionärer Sicht wichtig. Wisst ihr, was es ist, und warum es wichtig ist und war?

 **Übung 36**

Warum ist der Gesichtsausdruck der Angst aus evolutionärer Sicht wichtig?

Wir werden bleich, damit das Blut in die Beine und die Arme fließen kann. Da wird es gebraucht für den Kampf oder für die Flucht. Was passiert sonst im Gesicht bei Angst? Die Augen werden weit aufgerissen, die Nase öffnet sich leicht, ebenso der Mund. Warum? Erscheint ein Säbelzahntiger, wird man durch die weit geöffneten Augen möglichst viel sehen. Wenn ihr den Gesichtsausdruck der Angst versucht nachzumachen, werdet ihr feststellen, dass der Mund dabei nicht nur aufgeht, sondern dass man gleichzeitig auch Luft holt. Auch das ist nötig als Vorbereitung auf „fight or flight" – Kampf oder Flucht. Auch das Schreien ist besser möglich nach einem reflexhaften Luftholen.

Das Prinzip kann man auch im Alltag anwenden. Wisst ihr, wie ihr eine Quasselstrippe stoppen könnt? Holt einfach spontan mitten im Monolog deutlich hörbar Luft. Das unterbricht sofort jedes Gespräch. Evolutionär denken die Anderen sofort, dass ihr Angst habt und unterbrechen das Sprechen, um zu erfahren, warum ihr gerade ängstlich seid. Dann könnt ihr einfach – als ob nichts gewesen wäre – entspannt anfangen zu sprechen.

6. Überraschung

Die vorletzte Emotion ist die Überraschung. Das deutlichste Zeichen für Überraschung sind klar **die Augenbrauen**. Sie bewegen sich viel höher als bei der Angst und vor allem sind sie gebogen und nicht gerade. Es ist die kurzlebigste Emotion. Sie vergeht sehr schnell und ist auch spontan schwer nachzumachen.

Diese Emotion erscheint als sehr kurze Mikroexpression in wirklich **jedem** Gespräch. Sie ist ein perfekter, leicht erkennbarer Indikator für euch, um Themen zu identifizieren, die eure Gesprächspartner interessant finden. Bewegen sich mitten im Gespräch kurz – sehr kurz – die Augenbrauen von euren Gesprächspartnern nach oben, ist es ein klares Zeichen für Überraschung und daher für Interesse.

Wie bereits erwähnt, erzähle ich in meinen Körpersprachworkshops – als Demonstration dieser Mikroexpression – drei Dinge über mich und weiß hinterher ganz genau, welches der drei Themen die Person, die ich anspreche, am spannendsten findet. Die Teilnehmer sind immer überrascht, dass ich es erkenne, weil sie selbst nicht merken, dass sie bei einem Thema kurz – wirklich sehr kurz – ihre Augenbrauen heben.

Versucht mal in der nächsten Zeit in einem Gespräch die letzten beiden Emotionen – Angst und Überraschung – einzusetzen. Mit dem Gesichtsausdruck der Angst und einem hörbaren Einatmen könnt ihr sehr leicht die Aufmerksamkeit eurer Gesprächspartner bekommen. Oder beobachtet euch selbst in einem Gespräch, um festzustellen, wann eure Augenbrauen sich hochbewegen (Überraschung). Damit zeigt man der anderen Person, welche Themen spannend sind. Ihr könnt natürlich auch auf die Augenbrauen der anderen Personen achten, um zu sehen, welche Themen oder Informationen für sie spannend sind.

7. Verachtung

Und jetzt noch die letzte Grundemotion – Verachtung. Es ist die Emotion, die fast nie genannt wird, wenn ich nach den sieben Grundemotionen frage. Es ist tatsächlich eine häufig unerkannte Emotion, die aber eine extreme Aussagekraft hat. Da die Mimik dafür vielen unbekannt ist, wird sie auch völlig falsch eingesetzt.

So sieht man diese Geste oft auf Profilbildern. Viele denken wohl dabei, dass ein halbes Lächeln sicherlich gut wirkt: nicht zu ernst und nicht zu locker. Ein Mundwinkel oben ist aber leider **kein halbes Lächeln, es ist Verachtung** – man zeigt damit die eigene moralische Überlegenheit. Nicht gerade das, was man mit einem halben Lächeln kommunizieren wollte …

Verachtung erscheint in Gesprächen recht oft, und zwar, wenn man das Handeln der anderen Person tatsächlich als moralisch verwerflich empfindet, oder auch, wenn man ihre Arbeitsleistung als ungenügend ansieht. In beiden Fällen spielt das Gefühl der eigenen Überlegenheit eine Rolle.

Passend dazu hier eine meiner Lieblingsgeschichten aus dem Bereich der Körpersprache. Dr. John Gottman – ein US-amerikanischer Psychologe im Bereich der Paarforschung – führte über einen Zeitraum von 20 Jahren eine Studie durch: das berühmte Gottman Ehe-Experiment. Das Ziel dieser Studie war herauszufinden, ob es Indikatoren dafür gibt, warum Ehen scheitern (siehe https://www.gottman.com/about/research/couples/). Er beobachtete während dieser Zeit Paare, filmte sie am Anfang der Studie, stellte ihnen dabei jede mögliche Frage und untersuchte alles, um herauszufinden, ob es Indikatoren gibt für ein künftiges Scheitern der Ehe. Und tatsächlich fand er einen Indikator, genau genommen fand er nur einen einzigen: Ehen scheiterten, wenn im ersten Interview der Gesichtsausdruck für Verachtung sichtbar wurde.

Aber hier eine Frage an euch. Was meint ihr, wie gut dieser Indikator ist?

Übung 37

Wie viel Prozent der Paare, bei denen ein Partner im ersten Interview den Ausdruck der Verachtung gezeigt hat, hat sich innerhalb der folgenden 10 Jahre getrennt?

War Verachtung sichtbar zwischen beiden Partnern, so trennten sich im Laufe der Zeit unglaubliche **93,6 %** der Paare, also tatsächlich fast alle!

Was ist aber der Grund für dieses unglaubliche Ergebnis? Erfolgsfaktor Nummer eins für eine Beziehung ist gegenseitiger Respekt. Dieser fehlt jedoch vollständig bei der Person, die den Partner verachtet. Verachtung zeigt moralische Überlegenheit, gerichtet gegen eine bestimmte Person. Dies macht Verachtung zur mächtigsten, negativsten Emotion.

Jetzt kennt ihr also alle sieben Grundemotionen. Fangt an zu üben, diese Grundemotionen in Gesprächen zu erkennen. Am Anfang empfehle ich, auf wenige zu achten, die in fast jedem Gespräch vorkommen:

1. **Überraschung** – die Augenbrauen bewegen sich dabei kurz hoch. Diese Mikroexpression kommt ständig in jedem Gespräch vor, zum Beispiel wenn euer Gegenüber Elemente aus eurer Erzählung spannend findet. Es ist eine sehr positive Reaktion.

2. **Ekel** – die Nase wird kurz gerümpft. Diese Mikroexpression erscheint zum Beispiel, wenn euer Vorschlag eurem Gesprächspartner *Schmerzen* bereitet. Es ist als ob das Gehirn OH NEIN rufen wollte.

3. **Verachtung** – ein Mundwinkel bewegt sich kurz nach oben, oft begleitet von gleichzeitigem hörbarem Ausatmen durch die Nase. Es ist die negativste Reaktion, die es geben kann. Diese Mikroexpression kommt oft, wenn man denkt „so ein Idiot" oder „was für eine dumme Idee".

Versucht mal, diese drei Mikroexpressionen nachzumachen. Ihr müsstet direkt auch die dazugehörigen Emotionen fühlen. Klappt das?

Das Wissen um die Grundemotionen hat einige Vorteile. Wie bereits erwähnt, erreichen Menschen, die die Gesichtsausdrücke kennen, 20 % mehr Umsätze beim Verkaufen. Doch welche Anwendungsgebiete gibt es für uns Nicht-Verkäufer, wenn wir die nonverbalen Signale erkennen?

Job: Kennt man die nonverbalen Signale, kann man direkt erkennen, wie Kollegen auf unsere Vorschläge reagieren. Sagt ein Mitarbeiter „Ja ich schaffe das" und zeigt gleichzeitig eine sehr kurze Wut-Mikroexpression (senkrechte Linien auf der Stirn) sollte man das Thema noch mal besprechen.

- **Als Coach oder Trainer**: In diesen Rollen geht es darum, Probleme rechtzeitig zu erkennen. Das sind nicht immer die Dinge, die angesprochen werden. Man kann die wahren Gefühle zwischen den Zeilen lesen.

- **Präsentationen**: Ihr erkennt, ob eure Präsentation ankommt, bevor euer Gegenüber ein Wort sagt. Man kann die Reaktion nonverbal lesen, bevor sie verbal ausgesprochen wird.

- **Familie**: Versucht man, die wahren Emotionen der Familienmitglieder zu lesen, wird man einem Streit vielleicht aus dem Weg gehen können.

Regel Nummer eins ist aber: nie die Körpersprache direkt ansprechen. Also lieber statt „da sehe ich eine Wut-Mikroexpression in deinem Gesicht" lieber „aber vielleicht ist meine Idee doch nicht so gut?"

**

Nach so vielem Input von mir zu den Themen Handhaltung, Gesichtsausdrücke und Mikroexpressionen werdet ihr vielleicht denken: „Oje, das ist viel – bis ich das alles erkenne!"

Aber allein, wenn ihr anfangt, auf eure Hände und das Gesicht zu achten, werdet ihr bessere Kommunikatoren. Wenn man am Anfang vielleicht nur eine Handhaltung erkennt oder die am häufigsten vorkommende Mikroexpression der Überraschung, wird sich eure Fähigkeit zu kommunizieren stark verbessern.

Wie ich schon bei den Handhaltungen erwähnt habe, kann man auch die erkannten Gesichtsausdrücke erwähnen, auch wenn man sie nicht 100%ig versteht. Seht ihr zum Beispiel, dass sich die Augenbrauen eures Partners nach unten bewegen, nachdem ihr gesagt habt, dass ihr heute länger arbeiten müsst, ist es einfach, darauf zu reagieren mit einem „oder gibt es da etwas, was dagegenspricht?" Auch dann, wenn man vergessen hat, was Augenbrauen-Innenseiten unten bedeuten (nämlich Wut).

In Kundeninterviews sage ich, wenn ich zum Beispiel vertikale Linien auf der Stirn erkenne: „Das macht Sie aber wütend, oder?" Das wird immer positiv wahrgenommen. Menschen wissen tatsächlich gar nicht, dass man sie lesen kann, und sie wissen auch nicht, welche Emotion sie genau empfinden.

Anwendung

Nach dem vielen bisherigen Input möchte ich euch ein paar alltägliche Anwendungsszenarien vorstellen. Stellt euch vor, ihr seid in diesen Situationen. Was von den gelernten Methoden würdet ihr jetzt in diesen Situationen benutzen, um sie perfekt nonverbal zu meistern?

Wichtige Präsentationen

Hier alle meine Empfehlungen für wichtige Präsentationen aus dem gesamten Buch:

- **Ersten Eindruck gestalten** – erste 7 Sekunden optimieren, positive Stimmung verbreiten, lächeln
- **Freunde treffen** – Begrüßung mit dem Gefühl, alte Freunde wiederzutreffen
- **Zwei Minuten Power-Posing** vorher
- **Handinnenflächen** im Verlauf oft nach oben halten
- **Offene Körperhaltung** – Euer Körper wird versuchen, sich klein zu machen, kämpft dagegen an!
- **Kein Self-Touch!** Sich selbst berühren deutet auf eigenes Unwohlsein und Stress hin.
- **Positive Mimik** – Lippen nicht zusammendrücken

- **Gesicht und Hände beobachten** – Ist die Körpersprache von euren Zuhörern offen? Erkennt ihr Gesichtsausdrücke wie Ekel, Verachtung, Überraschung? Reagiert darauf richtig!

- **Designt das Ende** – Die ersten und die letzten Sekunden bleiben im Kopf, denkt an ein positives Ende.

Dating

Im Dating-Bereich sind natürlich auch einige der oben genannten Punkte wichtig. Hier können aber auch ein paar zusätzliche Elemente verwendet werden:

- **Ersten Eindruck designen** – Die ersten 7 Sekunden sind oft entscheidend!
- **Freunde treffen –** keine steife Begrüßung
- **Spiegeln** – Beobachtet, ob der Dating-Partner eure Körpersprache spiegelt und setzt das Spiegeln selbst bewusst ein.
- **Power-Posing** – vorher, 2 Minuten lang
- **Offene Körperhaltung** – bewusst einsetzen
- **Hände zeigen** – Handinnenflächen oft nach oben halten
- **Self-Touch** – nicht vermeiden, eher bewusst einsetzen

- **Dominante Körperhaltung** – bewusst einsetzen
- **Blickrichtung** der anderen Person – beobachten und euren Blick bewusst einsetzen (Ihr erinnert euch an den sozialen, intimen und Power-Blick?)
- **Gesicht und Hände beobachten** – Ist die Körpersprache der anderen Person offen? Zeigen sich negative Emotionen im Gesicht wie Ekel, Verachtung, Wut?

III. Wie erkenne ich, ob jemand auf mich steht?

Der Fokus dieses Buches liegt beim beruflichen Einsatz der Körpersprache. Natürlich funktionieren die Methoden auch im privaten Umfeld. Und da die Frage „Woher weiß ich, ob jemand auf mich steht?" tatsächlich die Frage ist, die in Körpersprache-Kursen am häufigsten gestellt wird, gebe ich euch auf den letzten Seiten **drei Tipps, wie ihr mit Hilfe der Körpersprache herausfinden könnt, ob euch eine andere Person attraktiv findet.**

Drei Indizien

Punkt 1: Augenkontakt

Es gibt einige Dinge, die in der zwischenmenschlichen Kommunikation zum Ausschütten des Bindungshormons Oxytocin führen. Das Wichtigste ist das sich gegenseitige Anschauen. Wie ihr bereits wisst, liegt die optimale Dauer beim Sich-Anschauen bei 40 %, wenn man selbst spricht, und bei 75 %, während man zuhört. Somit ist der erste Punkt, um herauszufinden, ob euch die andere Person attraktiv findet, offensichtlich.

Je mehr Augenkontakt man hat, umso mehr Oxytocin wird ausgestoßen. Sieht euch also die andere Person öfter in die Augen oder fällt ihr Blick öfter auf die Uhr oder auf die Tür? Achtet bewusst auf die Blickrichtung und die Blickdauer.

Punkt 2: Distanz

Wenn der Mensch etwas mag, bewegt er sich in dessen Richtung. Je besser man sich also kennt und umso vertrauter man einander ist, umso näher zum Gesprächspartner wird man stehen.

Wer allerdings die angemessene Entfernung verletzt, stößt schnell auf Ablehnung. Was ist also die richtige Entfernung zum Gesprächspartner und ab wann wird es zu nah?

Es gibt vier sogenannte Distanzzonen:

1. Die öffentliche Zone

2. Die soziale Zone

3. Die persönliche Zone

4. Die intime Zone

Vielleicht kennt ihr das selbst. Jemand spricht mit euch und kommt euch zu nah. Was passiert? Ihr bewegt euch automatisch weg. Diese Person hat eine bestimmte Zone betreten, ohne dass ihr es wolltet.

Wie aber sind diese vier Zonen definiert?

1. **Die öffentliche Zone** – gilt ab 3 Metern Entfernung und ist für die meisten völlig unproblematisch. Einem drei Meter entfernten Menschen bei einem Vortrag zuhören? Für die meisten kein Problem.

2. **Die soziale Zone** – 1,20 bis etwa 3 Meter. Das ist der klassische Abstand in unpersönlichen Situationen: bei einem Gespräch mit einem Handwerker, bei einem Vorstellungsgespräch oder zu Fremden am Bahnsteig. Man ist geschützt, es wird und kann bei dieser Entfernung keinen Körperkontakt geben.

3. **Die persönliche Zone** – 50 cm bis 1,20 Meter. Sie ist Menschen vorbehalten, mit denen man vertraut ist: guten Freunden, Verwandten, eventuell auch engen Kollegen. In dieser Zone werden persönliche Gespräche geführt. Betreten völlig Fremde diese Zone (zum Beispiel in einem Bus) und wir können die Situation nicht verhindern, behandeln wir diese Personen interessanterweise als *Nicht-Personen*. Man schaut weg, man

vermeidet den Blickkontakt, man versucht so zu tun, als ob die Person nicht existieren würde.

4. **Die intime Zone** – kleiner als 50 cm. Diese Zone ist ausschließlich euch sehr vertrauten Personen vorbehalten – nur engsten Freunden, der Familie oder dem Partner. In die intime Zone lässt man also nur Personen, denen man erlauben würde, euch zu berühren oder zu umarmen.

Dringt jemand Fremdes in diese Zone, bewegt man sich automatisch so weit weg, bis sich die Person mindestens in der dritten, der persönlichen Zone befindet – etwa eine halbe Armlänge von euch entfernt. Wird die Intimzone immer wieder verletzt, löst dies Unlustgefühle aus, und es werden Hormone ausgeschüttet, die den Körper auf Kampf oder Flucht einstellen.

Diese Distanz-Werte gelten jedoch nur in Westeuropa. Deutlich größer sind diese Zonen in Asien (vor allem in Japan) und deutlich kleiner in den USA. Noch kleiner sind sie in Brasilien, wo es auch völlig normal ist, weniger Vertraute zu berühren.

Ich falle selbst oft in diese Falle, wenn ich Menschen in Asien zu nahekomme oder wenn mir Menschen in den USA oder Südafrika zu nahekommen.

Zudem gibt es Unterschiede zwischen Stadt- und Landbewohnern. Städter halten tendenziell einen engeren Abstand zueinander als Landbewohner. Außerdem dürfen uns bestimmte Berufsgruppen temporär deutlich näher kommen – Ärzte, Frisöre oder Schuhverkäufer.

Was hat das Thema Distanz mit den Signalen in zu tun, ob wir für jemanden attraktiv sind oder umgekehrt? Ganz einfach: Bewegt sich euer Gegenüber „durch Zufall" immer wieder in eure Intimzone, ist das ein deutliches Signal. Lasst ihr es zu, ist es wiederum ein Signal für euer Gegenüber.

Punkt 3: Berührung

Das dritte Attraktivitätssignal hat wieder mit dem Bindungs-Hormon Oxytocin zu tun. Neben dem Augenkontakt führen Berührungen zu einem starken Oxytocin-Anstieg.

Berührung ist ein mächtiges Ausdrucksmittel der Körpersprache. Beim Berühren wird noch mehr vom Bindungshormon Oxytocin ausgestoßen als beim Augenkontakt. Und die Oxytocin-Menge wird sogar höher, je öfter man berührt wird.

Oft wird Berührung aus kultureller Sicht gemieden, da bewusste Berührungen als tabu gelten. Beobachtet man aber die eigenen Begegnungen mit anderen Personen, wird man feststellen, dass Menschen sich ständig berühren. Mal berührt man den Unterarm vom Gesprächspartner beim Erklären, mal berührt man die Schulter beim Loben, mal ist es eine kurze Berührung der Hand, um etwas hervorzuheben. Beim Händeschütteln wird auch mal zusätzlich mit der linken Hand der Arm der anderen Person berührt. Beim Nebeneinanderlaufen klopft man kurz dem Gesprächspartner auf die Schulter. Durch Berührung lässt sich schnell Nähe schaffen. Bewusst und vorsichtig eingesetzt, kann das ein enormes Vertrauen erzeugen.

Doch wie funktionieren die Gesetze der Berührung, was ist erlaubt und was ist tatsächlich Tabu?

Im Arbeitsumfeld können Berührungen – auch die vorsichtigen oder sogar die zufälligen – völlig deplatziert sein. Es gibt zudem Tabu-Bereiche am Körper. Die einfache Regel lautet: Kopf und Rumpf sind verboten. Das gilt auch für diese vorsichtigen, „zufälligen" Berührungen, schon weil sie als umso intimer wahrgenommen werden, je näher sie am Rumpf stattfinden.

Wie beim Thema Distanz gibt es bei Berührungen wieder kulturelle Unterschiede: Im Süden Europas kommt man sich deutlich näher, im kühleren Norden berührt man sich dagegen fast gar nicht. Umarmungen und sehr viel Nähe (wie Wangenküsse) sind wichtig in allen Kulturen, in denen Beziehungen und Kontakte eine große Rolle spielen. Und genau das bewirken Berührungen: eine engere Beziehung durch Oxytocin-Ausstoß.

Da Berührungen am Kopf und am gesamten Rumpf in unpersönlichen sozialen Situationen tabu sind, was sind dann die für uns interessanten Berührungen? Es sind die „zufälligen" Berührungen an der Hand und am Unterarm. Warum? Hier ein paar Studien, um euch die Macht dieser Art von Berührung zu demonstrieren.

In einer französischen Studie wurde der Assistent des untersuchenden Sozialpsychologen Nicolas Guéguen gebeten, in diverse Nachtclubs zu gehen und 120 Frauen zum Tanzen aufzufordern. Bei der Hälfte sollte beim Fragen der Unterarm „zufällig" eine Sekunde lang berührt werden, bei der zweiten Hälfte nicht. Ergebnis: Die angesprochenen Frauen wollten **viel** lieber tanzen, wenn sie bei der Bitte um den Tanz leicht berührt wurden. Ganze 65 Prozent ließen sich mit dieser Strategie auf die Tanzfläche locken. Ohne Berührung gingen dagegen nur 43 Prozent mit.

Der gleiche Sozialpsychologe konnte in weiteren Studien die Macht der Berührung auch in anderen Situationen zeigen. So meldeten sich Schüler, denen der Lehrer „zufällig" motivierend auf die Schulter klopfe in der Unterrichtsstunde 3-mal öfter als die anderen Schüler (3-mal nicht 3 %).

Es gibt auch einen therapeutischen Nutzen der Berührung: Patienten nehmen ihre Medizin viel regelmäßiger ein, wenn der Hausarzt sie bei der Verordnung kurz am Unterarm berührt.

Berührung ist, wie schon gesagt, kulturell unterschiedlich. In einem Experiment beobachtete Sidney M. Jourard zwei Personen in Cafés an unterschiedlichen Orten der Welt. Das Ergebnis zeigte, dass sich zwei Freunde aus England beim Kommunizieren im Café gar nicht berührten, Menschen aus Puerto Rico dagegen ständig. Ein Puerto-Ricaner wird seinen Gesprächspartner etwa 180-mal pro Stunde berühren. Aus britischer Sicht genau 180-mal zu oft. Engländer werden Puerto-Ricanern unter Umständen falsche Absichten unterstellen.

Im Detail zeigte die Studie folgende Raten beim Berühren: England 0 Berührungen pro Stunde, USA 2 (nur im Freudentaumel), Frankreich 110 und Puerto Rico 180.

Die am meisten eingesetzte Berührung ist eine sehr schnelle, kurze Berührung am Oberarm. Insbesondere dann, wenn wir den Anderen nicht oder kaum kennen. Auch die Handoberfläche des Gesprächspartners wird sehr oft in völlig harmlosen Gesprächen mit Fremden berührt.

Mein Hausarzt hatte mich tatsächlich in mehreren Situationen an der Hand berührt, während er mir in die Augen schaute und sagte: „Es ist wichtig, dass Sie diese Tabletten NICHT zu früh absetzen." Ich hielt mich daran.

Höchstwahrscheinlich habt ihr trotz all meiner Beispiele doch weiterhin das Gefühl, dass ihr selbst andere Menschen nie zufällig berührt und dass Berührungen komplett tabu sind. Ihr könnt es mit der Familie in einem harmlosen Gespräch ausprobieren und hinterher fragen, ob die Berührungen ihnen überhaupt aufgefallen sind. Wirken werden sie.

Um Menschen auch in anderen Kulturen besser zu verstehen, würde ich in neuen Situationen einfach die Distanz beim Sprechen und die Anzahl der Berührungen unter Einheimischen beobachten und mein Verhalten entsprechend anpassen. Es geht darum zu verstehen, dass die Anderen weder aufdringlich (zu viel Berührung) oder kühl (zu wenig Berührung) sind, sondern einfach kulturell unterschiedlich.

Zusammenfassung: Attraktivitätssignale

Die drei Signale, die uns zeigen, dass unser Gegenüber uns für attraktiv hält, sind:

1. **Viel Blickkontakt** – Blickkontakt produziert Oxytocin, was die Bindung stärkt,
2. Verletzen unserer **Distanzzonen** und
3. **zufällige Berührungen** – sie produzieren noch mehr Oxytocin.

Diese Merkmale kann man aber nicht nur zum Lesen von Signalen in Dating-Situationen nutzen. Man kann sie zum Streitschlichten einsetzen, bei der Kindererziehung, als Führungskraft und in allen anderen Situationen, in denen eine Bindung gestärkt werden soll. Schaut euch das Video an über Oprah Winfrey von Charisma on Command, es hat den Titel: How To Make Someone Remember You For A Lifetime. Ihr werdet überrascht sein, dass es exakt die drei oben erwähnten Punkte sind, die die fantastische Oprah immer benutzt, um eine sehr tiefe Beziehung zu ihren Interviewpartnern aufzubauen.

Aber ist das alles nicht schon Manipulation?

Ist das alles Manipulation?

Ich war vor einiger Zeit in Pretoria in Südafrika, um dort eine Führungskraft eines unserer wichtigen Kunden zu treffen. Angeblich wäre es nicht einfach, mit diesem Menschen zu sprechen. Mit mir waren sechs Personen von unserer Firma dort. Bereits nach fünf Minuten hat dieser angeblich schwierige Mensch nur noch mich angeschaut und mit mir gesprochen. Was habe ich gemacht? Ihn sehr positiv begrüßt mit einem souveränen, festen Händedruck. Ich habe bei der Vorstellung mehrmals seinen Vornamen wiederholt und ihn im Laufe des Gesprächs immer wieder mit seinem Vornamen angesprochen (Menschen lieben es, wenn sie den eigenen Namen hören). Ich habe meine Hände offen auf dem Tisch gehalten und ihn länger als alle anderen angeschaut.

Als Feedback hat man mir hinterher gesagt, dass es unglaublich war, dass er irgendwann nur noch mir zuhörte und dass es noch nie jemand geschafft hat, mit diesem angeblich schwierigen Menschen länger als 30 Minuten zu sprechen.

War das Manipulation? Oder war's ein aufrichtiges empathisches Interesse am Gegenüber? Ich sage das Zweite.

Beschäftigt man sich mit der Körpersprache, geht es um das Lesen der Körpersprache des Gegenübers und um das bewusste Einsetzen der Körpersprache-Elemente. Das bewusste Einsetzen der Körpersprache wird oft als Manipulation gesehen.

Ich empfehle tatsächlich, das Gelernte am Anfang nur lesend einzusetzen. Sozusagen als Level 1. Das Lesen der Körpersprache ist schon spannend genug, wenn man sich überlegt, dass **in einem 30-minütigen Gespräch zwei Personen laut Untersuchungen vom Führungskräftetrainer PhD Carol Kinsey Goman im Schnitt 800 nonverbale Körpersprache-Signale aussenden.**

Level 2 – also das bewusste Einsetzen der Körpersprache – ist aus meiner Sicht in dieser frühen Phase eher hinderlich. Statt ständig zu überlegen, wie man sich selbst verhalten sollte, reicht es völlig, wenn man Dominanzsignale erkennt, Attraktivitätsbekundungen deuten kann oder Unsicherheit sieht.

Fühlt ihr euch sicher im Lesen der Körpersprache, empfehle ich euch, erst zu versuchen **euch selbst zu lesen,** bevor ihr anfangt, die eigene Körpersprache zu verändern.

- Gehen etwa gerade meine Schultern nach vorn?
- Wow, ich mache mich gerade sehr klein!
- Aha, ich verstecke meine Hände!

- Ach guck, meine Füße drehen sich weg vom Gesprächspartner.
- Spannend, ich hatte eben einen anderen, sehr festen Händedruck.
- Interessant, ich habe diese Person vorwiegend im Dominanz-Dreieck angeschaut – von der Stirn bis zu den Augen.

Ihr merkt also bewusst, was euer Körper macht und ihr seid ab und zu in der Lage, diesen positiv zu beeinflussen. Das wäre aus meiner Sicht tatsächlich der optimale Einsatz der Körpersprache-Fähigkeiten.

Aber ist das dann einfach ein dezentes **Beeinflussen** der Situation, oder ist das schon **Manipulieren**? Nun, beide Wörter werden vom Duden als synonym bezeichnet. Manipulation findet ja auch bewusst auf der sprachlichen Ebene statt – mit unserer Stimmfarbe, Sprechgeschwindigkeit, mit der gesamten Rhetorik. Aus meiner Sicht gibt uns die Kenntnis der Körpersprache einfach eine weitere, ab jetzt auch für euch bewusste Ebene der Kommunikation.

Am Ende ist es egal, wie man es nennt. Wenn ihr dieses Buch gelesen habt, könnt ihr mit den von mir gezeigten Methoden tatsächlich Beziehungen zu Gesprächspartnern positiv verändern. Und was ist schon besser als eine bessere Kommunikation. Habt Spaß damit!

IV. Highlights zusammengefasst

Und hier noch die Aha-Momente meiner Teilnehmer aus dem Körpersprache-Kurs.

DEINE AHA-MOMENTE

- ☑ BEDEUTUNG DER MICROEXPRESSIONS ⪼ ⫿⫿
- ☐ 7 GRUNDEMOTIONEN ERKENNEN
- ☑ SPIEGELN ⪼|
- ☐ 7 SEKUNDEN
- ☐ OFFENE HÄNDE |||
- ☑ FUSSSTELLUNG ALS SYMPATHIESIGNAL ⪼||
- ☑ PROFILBILDER: LACHEN + KLEIDUNG ⪼
- ☐ POWERPOSING ||
- ☐ AUGENBRAUEN ALS INDIKATOR ||
- ☐ AUF MICROEXPRESSIONS REAGIEREN |||
- ☐ KLEINE BERÜHRUNGEN
- ☐ VERACHTUNG - EXTREM NEGATIV
- ☐ LÜGEN IN EMAILS, TELEFONATEN
- ☑ BLICKRICHTUNG ▽ △ ▽ ||||
- ☐ PHOTOFEELER
- ☐ SELBSTBEOBACHTUNG
- ☑ BEGRÜSSUNG - HAND GEBEN UND DREHEN ||||

Wie ihr seht, waren für die Teilnehmer in diesem Kurs die Themen Mikroexpressionen, das Spiegeln, die Fußstellung und die Bedeutung des Lächelns auf Profilbildern die größten Aha-Momente. Was in diesem Buch war für euch überraschend?

Zusammenfassend kennt ihr euch jetzt also in folgenden Bereichen aus:

Erster Eindruck – den ersten Eindruck designen. Was ist Teil vom ersten Eindruck?

Profilfotos – Profilfotos verstehen und optimieren

Körpersprache – Definition der Körpersprache, neutrale Körpersprache deuten, Emotionen durch die eigene Körpersprache verändern

Fußhaltung und Körperhaltung deuten

Spiegeln einsetzen

Gestik – Was bedeuten unsere Hände?

Mimik – Gesichtsausdrücke verstehen

Mikroexpressionen – kürzeste Veränderungen im Gesicht erkennen und deuten

Ich liebe es in Verbindung
mit Menschen aus der ganzen Welt zu sein.
Du hast es bis hierhin geschafft im Buch.
Schreib mir also!
Ich bin wirklich an euch allen interessiert!
adam@e2ger.de

Danksagung

... ein riesiges Dankeschön geht an meine WhatsApp-Körpersprache-Gruppe. Ohne euch wäre das wohl erste auf WhatsApp entstandene Manuskript für ein Buch nie zustande gekommen.

Außerdem bin ich meinen Lektorinnen Bärbel und Kirsten sehr dankbar, dass sie nicht nur sehr viel Arbeit in dieses Werk gesteckt haben. Bärbel du hast mich zudem motiviert, es tatsächlich zu veröffentlichen. Kirsten, dein Buchsatz-Wissen ist unglaublich! Ich verbeuge mich! Ein Riesendankeschön geht auch an alle, die ich fortdauernd um Feedback gefragt habe. Danke Birgit, danke Dirk für euer immer konstruktives Feedback. Danke Franzi für die vielen Gestaltungstipps und die Hilfe beim Covergestalten.

Danke Katja für deine Korrektur des Vorworts. Danke auch an meine Mama, die an mich das ganze Leben lang geglaubt hat. Und vor allem bedanke ich mich bei den drei Egger-Girls: Caren, dir danke ich für deine Motivation, deine Hilfe beim Korrigieren und beim Formatieren und für deine ansteckende Vorfreude auf das Veröffentlichen. Und meinen zwei tollen Töchtern danke ich für die Unterstützung auf dem Weg hin zu meinem ersten Buch. Ihr musstet so viele Fragen von mir zur Gestaltung (Mati) und zur Sprache (Amelie) ertragen.

Ihr seid alle super! Danke euch!